한 달 간의 아름다운 도전

중남미 편

한 달 간의 아름다운 도전

한달간의 아름다운 도전 - 중남미편

지 은 이 | 김종년
펴 낸 이 | 김원중

편　　집 | 이민수
디 자 인 | 박선경
제　　작 | 최은희
마 케 팅 | 권영재
펴 낸 곳 | DDK(주)
도서출판 선미디어
초판인쇄 | 2005년 1월 10일
초판발행 | 2005년 1월 15일

출판등록 | 제2-2576(1998.5.27)

주　　소 | 서울시 은평구 대조동 38-4
　　　　　월드빌딩 5층 전관
전　　화 | (02)355-4338
팩　　스 | (02)388-6008
홈페이지 | http://smbooks.com

ISBN 89-88323-65-3 03950

값 12,000원

한 달 간의 아름다운 도전

중남미편

도서출판 선·미디어

　35년간을 한 집에서 고집스레 살고 있을 만큼 변화에 둔감하고 보수적이며 내성적인 성격의 나는 취미생활도 동적인 것보다는 정적인 것을 좋아해서 오랫동안 난과 분재를 가꾸어왔고, 틈이 나면 화랑가에 드나들며 그림을 감상하는 것을 유일한 낙으로 살아 왔다.

　그러던 내가 배낭 하나만 의지하고 지구촌 오지를 이곳 저곳 찾아다니며 여행을 할 수 있게 된 것은 돌이켜 생각하면 경이로운 일이 아닐 수 없다.

　내가 처음 여행에 눈을 뜨게 된 것은 1978년 송희성 선배님의 권유로 동남아여행을 따라나서면서부터였다. 그 때만 해도 외국의 초청장이 있어야 여권과 비자가 나올 정도로 까다로운 시절이었다.

　처음 시작한 여행은 당시에는 이름도 생소한 배낭여행으로 한 달 동안 대만, 태국, 싱가포르, 말레이지아, 홍콩, 일본 등 동남아를 돌아오는 코스였다. 이렇게 시작된 여행이 때로는 여행사의 패키지 코스를 따라 다니다가 2000년 겨울부터는 본격적으로 배낭을 메고 지구촌 오지를 찾아 나서게 되었다.

　고등학교 교사인 덕에 나는 여름방학과 겨울방학이라는 귀한 시간을 선물로 받았다. 매년 여름방학과 겨울방학을 한두 달 앞두고 일단 다음 여행지를 결정한 후, 그 지역 특성에 따른 전문여행사를 찾아가거나 가이드북을 참고하거나 인터넷을 통해 그 지역의 정보를 탐색하여 여행을 준비하곤 한다.

연세가 아흔아홉이신 노모를 아내에게 맡기고 배낭 하나만 걸쳐 멘 채 훌쩍 떠나가는 남편을 서운한 내색 한 번 하지 않고 항상 잘 다녀오라고 배웅해 주는 사랑스런 아내가 있었기에 지금까지 마음 놓고 여행을 할 수 있었다. 평소 아내에게 표현하지 못한 고마운 마음을 늦게나마 이 여행기를 통해서 전하고 싶다.

인생은 나그네 길이라고 하였든가, 예순이 훌쩍 넘은 나이지만 배낭을 앞뒤로 메고 세계의 젊은이들과 함께 지구촌 오지를 찾아다니며 미지의 세계를 만날 때마다 여행의 피로는 바람처럼 씻겨지고 새로운 힘이 솟구치곤 한다. 모든 것이 여행이 지니고 있는 마력 때문이리라.

비를 맞으며 잉카투어를 하던 중에 안데스 깊은 산자락에서 동행하던 서양 친구들로부터 우리의 고유명절인 구정('New Year's Day by the lunar calendar in korea')의 하례를 받았던 일, 마야문명과 잉카문명의 거대한 유적지 앞에서 입을 다물지 못하고 서 있던 일, 물벼락을 맞으면서도 즐거워 비명을 지르던 마쿠꼬 사파리 등은 말로 표현할 수 없을 만큼 평생 잊을 수 없는 소중한 추억이다.

여행을 하다 보면 일상의 가면과 단조로움으로부터 해방되어 한없이 자유로운 또 다른 시공 속에 자신이 새로 태어나고 있음을 느끼게 된다. 그 중에 옷깃을 스치고 지나간 수많은 인연들이 잊지 못할 추억으로 영원히 간직되길 바라는 마음으로 현지에서 틈틈이 기록한 단상과 경험들을 자그마한 책으로 엮어 보았다.

글재주가 없지만 여행을 하면서 보고, 듣고, 느낀 점들을 일기를 쓰듯 정리하여 세상에 내놓게 되었다.

이 책이 태어날 수 있도록 도와주신 선미디어의 김원중 사장님과 많은 조언을 해 주신 여러분들께 진심으로 감사드리며 특히 원고 작성에 많은 조언으로 도움을 주신 이춘기 선생님에게 깊은 감사를 드린다.

아무쪼록 이 작은 책이 앞으로 여행을 계획하는 많은 이들에게 조금이나마 도움이 되기를 진심으로 기대한다.

2005년 새해를 맞이하며

김 종 년

여행이라는 단어는 참으로 마음을 설레이게 하는 매력을 가지고 있습니다. 사람마다 여행에 대한 생각이 다르겠지만 저에게 있어 여행이란 쉼을 의미했습니다. 나를 돌볼 겨를도 없이 일만 하다가 시간의 여유가 조금 생기면 가까운 곳으로 여행을 떠나 조용히 쉬고 돌아오곤 했습니다.

혹자에게는 여행이 추억과 낭만이 될 수도 있고, 혹자에게는 가족과 함께 나누는 시간일 수도 있고, 혹자에게는 사랑의 속삭임 일 수도 있고, 혹자에게는 도전일 수도 있습니다.

내가 아는 김종년 선생에게 있어서 여행은 하나의 사명감 같아 보입니다. 그는 자신이 여행을 해야 하는 사명을 부여 받은 사람인 양 방학이면 꼭 1달 씩 여행을 떠납니다.

젊지 않은 나이임에도 불구하고 꼭 배낭여행을 고집합니다. 틀에 짜여진 대로 보고 오는 것이 아니라 발 닿는 대로 마음 가는 대로 가야 하고, 보고 싶은 것을 보고 와야 하는 그의 성격 때문일 것입니다.

더구나 그는 남들은 잘 가지 않는 곳, 남들이 잘 모르는 곳, 지구촌의 오지를 여행하는 것을 좋아합니다. 미지의 세계를 찾아 지구의 구석구석을 찾아 떠나는 것입니다.

편안한 쉼을 위한 여행이 아니라 도전하는 여행을 하는 그의 모습에서 나이는 숫자일 뿐이라는 것을 다시 한 번 깨닫게 됩니다.

거대한 세계 유적인 마야문명과 잉카문명을 찾아 떠난다고 하며 그곳에 대해 공부하고 여행일정을 잡는 모습을 보고 그리고 힘들게 계속되는 강행군의 여행 속에서도 하루도 거르지 않고 그 날 있었던 일과 보고 느낀 것을 메모해 온 노트를 보고 진정한 배낭여행 마니아, 여행의 달인이라는 말을 떠올리게 되었습니다.

김종년 선생이 이번에 자신의 여행을 기행문으로 꾸민 책 "한 달 간의 아름다운 도전 - 중남미 편"을 세상에 내놓게 되었습니다.

철저히 준비하고 사전 정보를 알고 떠난 여행과 설레임과 기대만을 갖고 떠난 여행에서 보고 느끼는 바는 천지 차이입니다.

더 많은 것을 보고 느끼고 돌아오는 여행, 소중한 추억을 가지고 돌아오는 여행이 되기를 바라는 자들에게 이 책을 적극 추천합니다. 이 책을 가지고 떠나는 여러분의 여행은 든든한 가이드를 동반하고 떠나는 여행이 될 것입니다.

다시 한 번 김종년 선생의 "한 달 간의 아름다운 도전" 발간을 축하드리며, 또다른 도전과 정복이 계속 되기를 기대해 봅니다.

2005년 새해에
전 한양대학교 부총장 강 명 순

CONTENTS

차례

마야문명과 잉카문명을 찾아서

　　나는 그동안 중남미 배낭여행을 준비하며 전문여행사와 인터넷을 수 없이 드나들며 자료를 수집하였고, 중남미를 여행하고 돌아온 분들의 여행기를 읽어 참고로 하였다.

　　공부를 할수록 빨리 그곳에 가고 싶다는 생각이 간절해 졌다.

　　유카탄 반도를 중심으로 마야족을 비롯한 인디언들이 이룩한 문명인 마야문명은 기원을 전후하여 농경을 바탕으로 이룩한 찬란한 문명이 다. 독특한 태양력을 비롯하여 천문·건축·미술·문자 등은 아메리카 대륙에서 으뜸가는 수준이다. 유적으로는 대리석으로 만든 피라미드식 사원이 있고, 유물로는 뛰어난 도기 및 목조 등이 남아 있다.

　　또한 잉카문명은 13~16세기 중엽에 남아메리카의 안데스 지방에 번 영하였던 잉카 제국의 문명이다. 안데스 지방에는 기원전 1000년경부 터 고도의 농경문화가 발달했는데 13세기 초에 쿠스코 계곡에 터를 잡 고 살기 시작한 잉카족이 그 전통을 이어받아 독자적인 고도의 문명을 이룩하였다. 잉카 제국은 농업을 바탕으로 하여 여러 가지 작물을 재배 하였고 건축, 토목 기술이 고도로 발전하였다.

　　이러한 거대한 마야문명과 잉카문명을 돌아보고 오는 것이지만 대부 분의 여행사들은 일정을 무리하게 짧게 잡고 있었다. 그러던 중 52일간의 배낭여행 코스와 일정표가 있는 한 여행사를 만나게 되었다. 더이상 생각할 것도 없이 예약을 했다.

함께 떠날 팀은 남자 5명, 여자 9명, 총 14명으로 구성되었다. 이중 부부교사는 초·중생 자녀를 데리고 이번 여행에 동참하였다.

삼성동 공항터미널까지 배웅을 나온 아내가 쪽지 한 장을 접어서 호주머니에 넣어주며 가면서 읽어보란다. 리무진버스가 인천공항을 향해 서서히 움직이자 손을 흔들어 전송하는 아내가 왠지 오늘 따라 내 마음을 무겁게 하였다.

바지 주머니에 아내가 넣어준 쪽지를 꺼내어 보니 깨알같이 작은 글씨로 씌여져 있었다. 그 글을 몇 번이고 되뇌어 읽어 보았다.

"배낭을 걸머지고 장기간 여행을 떠나는 당신의 뒷모습이 예전 같지 않아 보여 건강이 걱정되니 무리하지 말라"는 내용이다.

아내의 사랑스러운 기원에 마음 속 깊이 감사하며 오후 1시경 인천공항에 도착하여 이번 여행을 같이 할 일행들과 합류하였다.

멕 시 코

인천공항에서 멕시코시티까지 논스톱으로 가는 직항로가 없어 미국을 경유하여 가는 15시발 LA행 KE017편을 이용하여 중남미 여행의 첫발을 내딛었다.

미국을 경유하는 모든 항공편은 승객의 신분 및 수화물 검사를 지나치다할 정도로 까다롭게 해 자존심이 상했지만 승객의 안전을 위한 불가피한 조치라 이해하기로 했다. 출국수속을 마친 일행들은 탑승자 대기 게이트에서 시간을 보내다가 예정시간보다 25분 늦게 공항을 이륙하였다.

비행기는 서울 상공을 지나 동해로 기수를 돌려 도쿄와 태평양 상공을 거치면서, 기류가 좋지 않아 기체가 흔들리고 요동을 쳐 불안했다. 마침내 10시간 30분만에 LA공항에 무사히 도착했다. 그 때가 현지시간으로 8시 50분이었다.

Transit 승객인 우리 일행은 일단 입국수속을 밟고 수화물을 다시 찾아 체크인한 후 출국해야 했다. 원래 예정은 11시에 출발하는 유나이트(UA) 항공편을 이용하여 멕시코시티로 가도록 되어 있었으나, 가이드의 실수로 항공편을 제대로 확인하지 못하고 우왕좌왕하다가 탑승하지 못하였다.

LA공항에서 10시간 이상 시행착오를 겪으며 고생한 끝에 18시 50분발 멕시코 항공편에 올라 다음 날 새벽 1시가 넘어 멕시코시티에 도착하였다. 시내 중심가인 소깔로 광장 주변에 위치한 유스 호스텔(Youth Hostel)에 숙소를 정하고 6인용 도미토리 (dormitory) 침대에 피곤한 몸을 부렸다.

멕시코는 라틴아메리카의 많은 국가들 중에서도 대표적인 상징이 많은 곳이다.

유카탄 반도의 마야문명과 아즈떽문명을 비롯한 거대 고대의 흔적들이 상징되는 고대 아메리카 왕국! 따꼬와 데낄라에서 시작하는 세계적인 음식과 술들! 그리고 선인장과 사막, 고원에서 밀림에 이르는 자연!

멕시코는 캐나다, 미국과 함께 북미에 속하는 유일한 라틴아메리카 문화권에 속하며 사실상 경제 규모에 있어서도 라틴 문화권의 견인차 역할을 하고 있다. 큰 경제 못지않게 대규모 생산 공장들이 위치하며 NAFTA 조약을 통해 북미권 소비물자의 생산 단지로 경제적 의미가 점점 확대되고 있다.

다른 라틴 국가들에 비해 풍요로운 지하자원과 인적자원을 바탕으로 멕시코는 이미 한인들에게도 많은 가능성을 내포한 차세대 경제의 땅으로 인정받고 있다.

멕시코 시티의 고원에서 북으로, 혹은 남으로 차를 타고 달리면 넓은 땅과 함께 그 자연과 가능성의 매력에 푹 빠질 수 있을 것이다.

1. 공식국명 : 멕시코 합중국
2. 수도 : 멕시코 시티
3. 시차 : 멕시코는 3가지의 시간대가 있는데, 그 중 일반적인 시차는 중부 표준시로 한국보다 15시간 늦다
4. 통화 : 화폐단위는 페소(Peso)이며, 1페소는 100센타보(Centavos)이다
5. 주요언어 : 스페인어
6. 종교 : 카톨릭 89.7%, 개신교 4.9%, 유대교 0.1%, 기타종교 2.1%, 무종교 3.2% 등

셋째 날

　태양과 고원의 나라 멕시코는 북아메리카 대륙 남서쪽에 위치하고 있다. 이곳에 사람이 살기 시작한 것은 지금으로부터 4만~2만년 전의 마지막 빙하기 때, 베링 (Bering) 해협을 거쳐 아시아 대륙으로부터 건너간 원시 "몽골로이드" (Mongoloid)인데, 그 후예들이 인디언 원주민들이다. 그들은 시베리아에서 알래스카로 남하하며 사냥을 주로 하던 생활양식에서 자연환경의 변화로 동물이 감소하자 옥수수 등을 재배하는 농경생활로 생활양식을 바꾼 후 정착생활을 하였다.

　멕시코에서 가장 오래된 문명은 멕시코만 연안 저지대에 번성했던 올메까 (Olmecas) 문명이다. 유카탄 반도의 정글지대에 살던 마야 (Maya) 문명, 중앙고원에서 기원전 3세기부터 기원전 9세기경까지 계속된 떼오띠와칸 (Teotihuacan) 문화, 현재의 오악사까 (Oaxaca) 지방의 몬떼 알반으로 상징되는 사뽀떼까 문화, 떼오띠와칸이 적의 공격으로 멸망한 후의 똘떼까 문화, 그 이후에는 아스떼까 (Azteca) 문화가 형성되었다.

　이 아스떼까 문화는 상당히 독특한 우주관을 가지고 있었다고 하는데, 그들에게 있어 산 제물을 바치는 것은 가장 중요하며 의미있는 행사였다.

떼오띠와칸의 께쌀 꼬아뜰 신전

여러 제국들의 흥망성쇠 후에 수준 높은 고대 문명을 이룩했던 아스떼까 제국은 1519년 에르난 꼬르떼스가 이끄는 스페인 군에 의해 정복되어 300년 동안 스페인의 식민지로 전락해 고유문화가 거의 사라져 버렸다. 그 이후 그나마 1810년에 독립의 꿈을 이루었으나 국토의 대부분을 미국에 빼앗겼다.

멕시코 (Mexico)는 약 200만㎢의 국토를 가진 나라로 중남미에서 브라질, 아르헨티나 다음 세 번째로 큰 나라인데, 한반도 면적의 9배이며 남한의 면적에는 무려 20배에 달한다. 지형의 구조상 북아메리카의 일부이며 민족적으로는 라틴아메리카 계열인데, 남 · 북아메리카의 교량적 위치에 있어 중앙아메리카의 일부라고 말하기도 한다.

국토가 넓을 뿐만 아니라 남북으로 길게 뻗어 있어 지역에 따라 매우 다양한 기후를 나타낸다. 전반적으로 11월부터 5월 중순까지는 건기이며, 5월 말부터 10월 말까지는 우기이다. 특히 6월에서 9월 사이에는 엄청난 더위가 계속되고 많은 비가 내린다. 지역적으로 남부해안은 습윤한 열대성 기후로 비가 많이 오고 기온도 높은 편이다. 내륙의 고원지대는 멕시코에서 가장 건조한 지역으로 사람이 살기에 적합하지 않은 기후이다. 남부 및 동부의 유카탄 반도는 열대성 고온 다습한 기후이다. 12월에서 2월까지는 선선한 날이 이어지며 북쪽지역은 간혹 찬바람이 불어 섭씨 0℃ 가까이 기온이 떨어지기도 한다.

멕시코 인구 9,428만 명 중 약 65%가 도시에 살고 있으며 인구 구성은 크게 원주민 인디언과 스페인계의 백인, 이들의 혼혈인 메스티조 (Mestizo)로 구성되어 있다.

언어는 스페인어가 공용어로 사용되고 인디오의 토착 언어도 사용되고 있다.

멕시코는 유난히 마치스모 (남성 우월주의)가 강하여 자동차를 난폭하게 몰거나, 무기를 소지하거나, 술이 취할 때까지 마시는 등의 행위를 남성다운 것으로 여기는 문화를 가지고 있다. 길거리에서 많이 볼 수 있는 라이브 음악은 마림바와 마리아치이다. 지역적으로 매우 특색이 있는 민속 무용도 발달해 있다.

멕시코 음식의 특징은 매운 고추를 사용한 소스를 많이 이용한다는 것이다. 주식은 옥수수이고 각종 어패류와 채소류 등을 즐기며 식사는 약 2시간 정도를 즐길 정도로 여유있게 한다. 세계적으로 유명한 술로 알려진 데킬라를 칵테일해서 한 잔 마시는 것도 즐거운 추억이 되지 않을까?

멕시코 시티 (Mexico City)는 인구가 약 1천만 정도 되는 멕시코의 수도로 정치, 경제, 문화의 중심지이다. 멕시코는 전역에 걸쳐 유적지가 4만여 곳에 산재해 있다고 하니 나라 전체가 하나의 거대한 유적지인 셈이다.

이 가운데 멕시코 시티는 유네스코로부터 도시 전체를 세계 문화유산으로 지정 받아 보호를 받고 있다. 올메까, 떼오띠와칸, 마야 등 고대문명의 흔적들은 물론이고 스페인 식

고대문명

- 약 4만년 전 빙하기에 아시아 유목민들이 알래스카를 거쳐 아메리카 대륙으로 이동하였으며 매년 약 1km씩 따뜻한 기후를 찾아 남하, 현재의 멕시코에 정착
- 기원전 3000년경 정착 생활 및 농경문화 시작
- 기원전 1500년경부터 올메까 (Olmeca)인들이 최초로 조직적인 문화권을 형성한 이래 1521년 스페인에 의해 정복되기 까지 마야 (Maya), 똘떼까 (Tolteca), 아스떼까 (Azteca) 등 인디오 문화 발달

민통치 문화까지 3천년의 역사가 도시 곳곳에 배어 있다.

멕시코 시티는 인디오의 아스떼까 시대에는 호수에 떠있는 도시였으나 스페인이 식민지로 점령한 후 호수를 메워 분지의 형태가 되었다 한다. 이곳에는 아스떼까 도시의 건축물이 묻혀있다 하니 미 발굴된 거대한 도시 위에 오늘날의 멕시코 시티가 건설되었다고 할 수 있겠다.

열대 지역의 해발 2,400m인 고원 지대라면 제법 쌀쌀할 것으로 생각되는데, 겨울철 임에도 불구하고 낮에는 상당히 무덥다. 다만 조석으로 약간의 한기가 느껴질 뿐이었다.

아침에 일어나자마자 사방 240m의 넓은 소깔로 (Zocalo) 중앙광장을 끼고 산책을 하였다. 소깔로란 멕시코 어느 도시마다 있는 중앙광장을 일컫는다. 보통 주변에는 정부 주요청사 및 대성당과 교회로 둘러 싸여 있도록 설계되어 도시의 심장부라 할 수 있는 곳이다.

소깔로 중앙광장의 대성당

유스 호스텔 하루 밤 숙박비로 싱글 침대 하나에 13달러를 지불하니 조식으로 커피 한 잔과 토스트 몇 조각을 제공하여 주었다. 오전 중 은행에 들러 1달러에 11.6페소로 200달러를 환전한 다음 멕시코 시티에서 북쪽으로 50km 지점에 있는 "**떼오띠와칸** (Teotihuacan) **유적**"을 찾아 나섰다.

소깔로 역에서 지하철을 타고 가는데 노선이 복잡하여 여러 차례 헤매며 3번을 갈아타고 북쪽 버스터미널을 찾아갔다. 멕시코 시티에 사는 사람도 문맹률이 높은지 지하철역 이름을 문자와 그림으로 표시해 놓아 웃음이 절로 나온다. 멕시코 시티에는 버스터미널이 사방 4곳에 있어 북쪽 여행을 위해서는 북쪽터미널로 가야 한다.

이곳 터미널에서 편도 25페소를 지불하고 버스에 올라 약 1시간 정도를 달려 버스정류장에 도착하여 내리니 바로 떼오띠와칸 입구에 매표소가 보인다. 입장료 37페소를 지불하고 티켓

떼오띠와칸 박물관에 소장된 유물들

을 구입하여 박물관을 통하여 안쪽으로 들어가면 넓은 잔디공원 위에 웅장한 떼오띠와칸의 신전이 우뚝 솟아 있다.

원래 떼오띠와칸 문명은 멕시코 분지를 중심으로 A.D.350~650년 사이 번영의 절정기에 도달했다. 도시 면적은 20만㎢ 정도로 인구도 20만 명 이상이 거주했을 것으로 추정하고 있다. 당시 유럽의 콘스탄티노플을 제외하고는 인구 2만 이상의 도시는 찾아볼 수 없었다고 하는데, 이 정도의 규모라면 규모의 방대함을 짐작하고도 남음이 있지 않을까 한다. 이 사실 한 가지만으로도 떼오띠와칸이 얼마나 큰 도시였는지를 짐작할 수 있다.

그러나 이렇게 웅장한 떼오띠와칸 문명의 꽃을 피웠던 주역들은 간 곳이 없고, 역사의 뒤안길에서 신들의 고향으로 남아 동방의 나라에서 찾아온 이방인을 맞이하고 있을 뿐이다.

넓은 잔디광장 정면 한가운데 우뚝 솟은 제단은 "께쌀꼬아뜰 신전"(Templo de Quetzalcoatl)으로 사방이 성벽에 둘러 싸여 있다. 정사각형 4단으로 축조된 께쌀꼬아뜰 신전은 떼오띠와칸 중에서 장식미가 가장 뛰어났다.

피라미드 서쪽 벽면에는 "께쌀꼬아뜰"(Quetzalcoatl : 깃털 달린 뱀으로 물과 농경의 신)과 "뜨라로끄"(Tlaloc : 비의 여신)의 조각이 부조되어 있다. 벽화에 남아있는 그림으로 보아 이 시대는 농경사회로 풍년을 기원하기 위해 태양신에 대한 제천행사가 행해졌음을 알 수 있다.

광장에 모인 군중들에게 중앙 제단에서 행해지는 제사장의 제천의식을 4단의 4곳 벽면에서 부 제사장 16명이 그대로 재현하여 보여 주었다고 한다.

께쌀꼬아뜰 신전 정상에서 북쪽으로 시선을 돌리면 태양의 신전과 달의 신전 피라미드를 비롯한 유적 전체의 모습이 한눈에 들어온다.

떼오띠와칸을 남북으로 관통하는 "사자의 길" (La Calle de los Muertos)은 폭이 45m나 되는 포장된 대로이다. 처음 이 곳을 찾은 아스떼까 사람들은 도로 양쪽 건물 터를 왕의 분묘라고 생각했고 또 길에서 많은 유골이 발견되었기 때문에 사자의 길이라 이름을 붙였다고 한다.

사자의 길을 따라 북쪽으로 걸어가면 웅장한 "태양의 피라미드"가 우측 대로변에 버티고 서있다. 태양의 피라미드 정점에 1년에 두 번 태양이 오게 하고 저녁에는 정면으로 해가 지도록 하기 위하여 방위를 북쪽에서 동쪽으로 15.3도를 기울어 축조했다고 한다. 높이가 65m, 밑변의 길이가 225m인 거대한 피라미드는 떼오떼와칸의 최대의 건축물로 이집트 기자지구에 있는 쿠푸왕과 카라왕의 피라미드에 이어 세계에

달의 신전에서 본 사자의 길

달의 신전에서 본 태양의 신전

달의 신전

서도 세 번째 크기의 규모란다.

이집트의 피라미드는 각이 예리한 분묘라면 멕시코의 피라미드는 신전으로 경사각이 43.5도로 모난 인상에도 불구하고 층과 층 사이가 유연하게 연결되어 안정된 모습을 보이고 있다. 전면에서 보면 4단으로 층이 져있고 248개의 계단으로 오르면 정상에 이른다.

떼오띠와칸 부족들은 우주존재의 절대성을 인정하고 가뭄이 들면 비를 빌기 위하여 정기적으로 산 사람을 제물로 희생하여 피와 심장을 바쳤다고 전해진다.

태양의 신전에서 내려와 사자의 길을 따라 달의 신전을 바라보며 걸어가면 양쪽 대로변에 수많은 건축물들이 있었던 흔적으로 계단식 머릿돌들이 이어지고 있다. 정사각형으로 아름답게 꾸며진 달의 광장을 전면에 두고 떼오띠와칸 전체를 압도하듯이 높이 46m, 밑변은 150×120m의 "달의 피라미드"(Piramide de la Luna)가 당당하게 서있다.

태양의 피라미드보다 조금 작지만 지대가 높은 곳에 세워져 있기 때문에 정상의 높이는 거의 비슷하게 보였다. 달의 피라미드 앞에 펼쳐지는 달의 광장 규모와 주변 건축물로 보면 중요도는 태양의 피라미드보다 훨씬 컸던 것으로 짐작된다.

4층 구조인 달의 피라미드를 급경사 계단을 따라 오르면 정상에는 크고 작은 돌들을 무질서하게 박아 놓았다. 달의 피라미드 정상에서 사자의 길을 따라 바라보면 떼오띠와칸의 진면목을 한눈에 파악할 수 있다.

넓은 대지 위에 우뚝 솟아있는 해와 달의 피라미드는 하늘에 제사를 지내는 곳으로 좀더 하늘의 신과 가까워지려는 인간의 염원으로 많은 노동력과 시간을 투자하여 만든 제단이라 할 수 있다.

특히 천문학에 뛰어난 이들은 춘분과 추분의 변화를 잘 알고 있어, 해와 달의 피라미드가 춘분과 추분일 때 피라미드 그림자가 일직선을 유지한다고 한다. 이것은 영원한 시간의 흐름을 계산했다는 증거로 볼 수 있다.

해의 피라미드 계단 경사면을 보면 43.5m이고 밑변의 둘레는 893.91m이다. 이 사실을 보면 그들은 높이를 정확하게 계산하여 건설했음을 인정해야만 한다.

짧은 4시간 동안에 떼오띠와칸 유적지를 따라 가이드북을 보면서 둘러보지만 전문가가 아닌 여행자로 역사의 진실을 알기에는 부족함이 많았다. 다만 그들의 숨결을 느끼며 기념사진 몇 장 촬영하는 것이 전부였다.

'금강산도 식후경'이라는데, 아침 식사로 커피에 토스트 한 조각을 먹고 오후 3시까지 유적지만 따라 가다보니 몹시 시장했다. 유적지 안

소깔로 광장 앞 인디오들의 전통 춤

에는 기념품을 판매하는 뜨내기 상인은 귀찮도록 많이 있으나 먹는 장사는 하나도 보이지 않는다. 중남미에서 유적지를 관광하려면 기본적으로 간식과 음료수를 준비해 가는 것이 좋을 듯 싶다.

떼오띠와칸 관광을 마치고 오후 5시가 넘어서야 멕시코 시티에 있는 숙소인 유스 호스텔에 도착하였다. 샤워를 하고 잠시 휴식을 취하다 **소깔로 광장**으로 나가니 광장 중앙 국기 게양대에서 국기강하식을 거행하고 있었다. 이것을 보려고 광장에는 많은 사람들이 모여들어 이미 초만원이었다.

강하식이 끝난 후 광장 곳곳에서 여러 행사가 열리고 이를 보기 위하여 에워싼 구경꾼들이 박수를 보내곤 한다.

광장 중앙에는 인디오들이 그들의 화려한 전통복장과 깃털을 꽂아 만든 모자를 쓰고 북소리에 맞추어 노래를 부르며 용맹스러운 전사의 춤을 추고 있다. 고대 피라미드를 쌓았던 마야문명의 곳곳에서부터 오늘날의 수예품 및 벽화에 이르기까지 모든 곳에서는 시간과 공간을 뛰어넘는 멕시코 원주민 여인들의 춤의 흔적을 많이 볼 수 있다.

멕시코 사람들에게는 춤은 빼놓을 수 없는 일상적 삶의 한 부분으로 사람이 모인 곳에는 반드시 춤이 있는 모양이다. 춤은 고상한 '앎'의 영역이 아니라, 자신의 삶을 즐기는 유쾌한 방편이라 여기는 멕시칸들

의 인식이 춤꾼들로 하여금 공연
의 장소를 거리와 광장으로 선
택하게끔 한 모양이다. 왜냐하
면 그곳에는 언제나 자신의 춤을
지켜보아 줄 관객들이 존재하고,
자신들의 춤에 적극적으로 참여해 주는

소깔로 중앙공원의 네온싸인

관람객들이 늘 자리를 지키고 있기 때문이다.

　전통 춤을 보기 위해 몰려든 시민들로 소깔로 광장 전체가 마치 시
위물결처럼 가득 찼고, 이들은 박수와 환호를 연발하며 때로는 폭죽을
쏘아댄다. 우연히 지나치는 여행자가 연말을 보내는 축제에 함께 참여
할 수 있었으니 커다란 행운이라 아니 할 수 없다.

　소깔로 광장 주변의 높은 건물들은 오색등으로 갖가지 모양을 연출
해서 크리스마스와 연말연시 분위기를 띄우고 있다. 광장 주변에 많은
포장마차가 이곳을 찾는 구경꾼들에게 먹거리를 제공하고 분위기를
띄워 이방인도 꼬치에 멕시코 전통주인 데킬라를 한 잔 하며 저물어
가는 한 해를 바라본다.

넷 째 날

　다소 소란스러웠던 소깔로 광장의 지난 밤 축제 분위기가 자정을 넘
기고 새벽이 되면서 점차 조용해져 평상으로 돌아왔다.

　소깔로 중앙광장을 중심으로 대로변에는 멕시코 시티의 얼굴이라

할 수 있는 "국립궁전" (Palacio Nacional)과 "까떼드랄" (Catedral Metropolitana)이 그 위용을 자랑하며 자리하고 있다.

 "까떼드랄"은 멕시코에 있는 모든 교회를 총괄하는 대성당으로 1573년에 착공하여 250년이 경과된 후에야 비로소 완공된 라틴 아메리카 최대성당 규모이다. 그 때문에 바로크·도리아·이오니아·코린트·고딕·르네상스 등의 건축양식이 융합되어 마치 고전건축 박물관과도 같다. 대성당 종루 높이가 67m나 되며, 내부는 멕시코 바로크 양식으로 종교화의 거장 "무릴료"의 명화로 장식되어 있다.

 성당 안의 신도들은 자유롭게 오가는 이방인의 관광이 습관화되어 있는지 기도에만 열중하고 있었다.

 대성당에서 나와 소깔로 광장 정면에 위치하고 있는 국립궁전 (대통령궁)을 관람하려니, 입구에서 경호원이 간단한 검문검색을 했다.

 "국립궁전" (대통령궁)은 아스떼까 제국의 목떼수마 2세의 궁전이었으나, 스페인의 정복자 꼬르떼스에 의해 궁전이 세워졌고 17세기에 개축을 거쳐 현재에 이르고 있다. 이 궁전은 스페인이 멕시코를 지배하기 위한 식민통치본부로 사용하였으나 현재는 오른쪽이 대통령 집무실이고, 왼쪽은 재무부가 사용하고 있다. 또한 이곳에는 멕시코 근대화의 아버지 베니또후아레스의 기념실도 있다.

 국립궁전의 최대 볼거리는 리베

국립궁전 (대통령궁)

라의 대벽화라 할 수 있다. 이 벽화는 건물 2층 계단을 올라 긴 회랑의 벽면에 아스떼까에서 스페인에게 나라를 빼앗겨 독립할 때까지 멕시코 역사의 전과정을 벽화의 형태로 그린 것으로 장대한 한 편의 서사시인 셈이다.

이곳을 방문한 사람이면 누구나 쉽게 이해할 수 있도록 그려져, 일본의 식민통치를 받은 우리 민족에게도 느끼는 공감대는 같지 않을까 생각되어진다.

매년 9월 15일은 멕시코 독립 기념일로 축제가 열리고 대통령이 국립궁전 발코니에 나와 "멕시코 만세"라고 외치면 소깔로 중앙광장에 모인 수많은 시민들이 따라서 제창을 한단다.

대통령 궁에서 나온 우리 일행은 지하철을 타고 라빌라 역에서 내려 걸어서 5분 거리에 있는 **"과다루뻬 사원"**(Basilica de Guadalupe)

을 찾아갔다.

이 성당은 멕시코의 국가적인 상징인 검은 머리, 갈색 피부를 가지고 있는 과다루뻬 성모가 모셔져 있다. 일요일 미사는 신앙심이 깊은 멕시코의 가난한 인디오 계층이 많이 참석하여 매우 혼잡하다고 한다. 신도들 중에는 슬행(膝行) 참배라 하여 무릎이 헤어져 피가 흐르는 통증을 느끼면서도 경내의 계단까지 나가며 특별한 소원을 비는 경우도 많다.

스페인이 아스떼까를 점령한지 10년 후인 1531년 12월 9일 신앙심이 강한 원주민 "후안 디에고" (Juan Diego)가 한 겨울에 장미꽃이 만발하는 기적의 계시를 사제에게 알려 띠뻬약의 언덕 위에 성당을 건축하였다고 전해지고 있다. 그래서 로마 교황청은 이 사원을 카톨릭 3대 기적의 사원으로 공인하고 1709년 완공된 성당에 성모의 모습이 새겨진 망토를 공개하여 순례자들이 자유롭게 볼 수 있도록 하고 있다.

그러나 멕시코 시티가 호수를 매립한 땅이라 소깔로 성당과 마찬가지로 지반이 침하되어 종루가 이탈리아 피사탑처럼 기울어져 있다. 1985년 지진으로 인하여 건물이 붕괴될 위험성이 있어 좌측에 2만 명 정도를 수용할 수 있는 새로운 성당을 건립했다.

띠뻬약 언덕으로 오르는 산기슭에 장식계단이 이어져 있으며 정상에 있는 띠뻬약 예배당에서 내려다보는 성당의 전경이 매우 아름다웠다. 광장 중앙에 우뚝 솟은 십자가를 본뜬 시계탑 아래에서 만난 인디오 가족들과 기념사진을 촬영하며 잠시 즐거운 시간을 보냈다.

사원을 나와 길거리 시장에서 현지 음식으로 허기진 배를 채우고 멕시코 국립 인류학 박물관을 찾아가려고 라벨라 역에서 전철을 탔다.

차뿔떼빽 전철역에서 내려 지나가는 현지인에게 국립 인류학 박물관 가는 길을 물어보니 차뿔떼빽 (Chapultepec) 공원 쪽을 손으로 가리킨다.

공원의 중앙을 가로지르는 대로변에 화려하게 단청된 조그마한 정자 (亭子) 한 채가 나의 발걸음을 멈추게 하였다. 이 정자에는 "한국정"이라는 현판이 처마에 걸려 있고, 한 기둥에 "천리만리길흘", 또 다른 기둥에 "뉘라서 차자갈고"라고 한글로 선명하게 씌여 있어 내 눈을 의심케 하였다. 이 정자가 왜 이역만리 멕시코 시티의 차뿔떼빽 공원 내에 세워졌는지 연유를 물어볼 곳도 없고, 아는 사람도 없다. 한국에 돌아온 지금까지도 그 궁금증이 풀리지 않아 답답할 뿐이다.

"차뿔떼빽 공원"은 멕시코 시티 중앙을 가로지르는 메인 스트리트 "레포르마" (Reforma) 거리 남서 끝에 위치한 광대한 숲으로 "메뚜기의 언덕"이라는 뜻을 가지고 있다. 아스떼까 시대부터 500년간 멕시코 시티에서 가장 큰 공원으로 시민들의 사랑을 받고 있다. 공원은 4㎢ 면적 위에 "국립 인류학 박물관" (Museo Nacional de Antropologia)뿐

만 아니라 근대 미술관, 국립 역사 박물관, 식물원, 동물원, 유원지, 연못 등의 놀이 시설까지 갖추고 있는 시민들의 휴식 공간이기도 하다.

박물관 입구에서 인디오 몇 명이 전통 춤을 선보이고, 비의 신 "뜨라로끄" (Tlaloc)의 웅크린 석상이 이곳을 찾는 이방인을 환영

차뿔떼빽 공원에 있는 "한국정"

하듯이 서있다.

입장료가 37페소이며 비디오카메라를 소지하고 들어가려면 따로 티켓을 끊어야 하고 모든 가방은 휴대품 보관소에 맡기고 들어가야 했다. **"국립 인류학 박물관"** 도 과다루뻬의 새로운 성당을 설계한 Pedro Ramirez Vasquez의 작품으로 1960년대 초에 세워진 세계에서도 가장 비중이 있는 유명한 박물관 중의 하나이다.

1층은 멕시코의 떼오띠와칸, 똘떼까, 아스떼까, 마야 등 고고학 유물을 시대별로 12개의 방에 구분해 놓았고, 2층에는 인디오를 비롯한 여러 부족의 민속자료가 전시되어 있었다.

오른쪽으로부터 제1실은 인류학입문실 (Introduction), 제2실은 메소아메리카실 (Mesoamerica), 제3실은 기원실 (Origens), 제4실은 전기고대실 (Preclasico), 제5실은 떼오띠와칸실 (Teotihuacan)이다. 제6실 똘떼까실 (Tolteca)에는 여러 가지 석상과 비석이 전시되어 있고, 제물의 심장을 꺼내 놓았다는 차끄몰의 모습도 보였다.

국립 인류학 박물관 입구에서

국립 인류학 박물관

박물관 중앙에 위치한 제7실은 아스떼까실로 거대한 유물이 넓은 방을 메우고 있어 분위기를 압도한다. 그 중에서도 멕시코의 국기를 제외하고는 가장 유명한 상징물이라 할 수 있는 것이 있는데 그것이 바로 "아스떽 카렌다"(Azteca Calendar), 즉 태양의 돌이다.

아스떼까 왕조 6대왕 아샤야까뜰이 1479년에 만들어 신에게 바쳤다는 직경 3.5m, 무게 2.5톤, 두께 90cm인 현무암의 이 원반은 아스떼까 말로는 Cuauhxicalli 즉 Eagle Bowl이라는 뜻인데 "태양의 돌"이나 "아스떽 카렌다"라는 이름으로 더 잘 알려져 있다.

아스떼까의 우주관과 세계관을 둥근 돌에 집약해서 새겨 넣은 유물로 신화적인 그리고 천문학적인 면에서 그 시대 문명의 바탕을 이해하는데 대단히 중요한 단서를 제공하고 있다. 1760년 12월 17일 소깔로에서 발굴되었다.

아스떼까는 인간이 창조된 이래 4개의 태양이 멸망했고 지금은 다섯 번째 시대에 살고 있는 것으로 해석한다. 아스떽 카렌다 중앙에는 현재의 태양이 혀를 내민 사람의 얼굴로 그려져 있는데 제물의 피와 심장을 요구하는 모습이라고 한다. 원 안에 멸망한 4개, 즉 바람, 불, 물, 재규어의 태양을 나타내는 사각형 도안이 새겨져 있다.

1년을 18개월, 1개월은 20일로 계산하였으며 다음 원에는 한 달을 표시하는 스무 개의 도안이 들어가 있다. 이들은 수학, 천문학과 자연에 대한 상당한 지식을 기초로 하여 해와 달, 금성 등 천체의 운행을 계산하는 능력이 있었던 모양이다.

아스떼까를 생각할 때 절묘하게 느껴지는 것은 스페인의 "에르난 꼬르떼스"에게 패망하는 모습이 잉카가 "피사로"에게 침략을 당하는

국립 인류학 박물관 소장품

형상과 너무나도 흡사하다는 사실이다. 두 나라가 모두 내부 세력 다툼을 겪어 국력이 쇠잔한 데다 똑같이 배반을 당한다. 농번기나 야간에는 싸우지 않는 습성도 두 종족이 닮았고 많은 병력을 가지고 있으면서도 수백 명의 기마 부대에게 순식간에 패퇴하는 상황도 비슷하였다.

잉카의 원주민이 얼굴이 희고 수염이 있는 침입자 피사로를 전설 속의 창조신 "비라꼬차"로 믿었는가 하면, 아스떼까의 백성들은 긴 머리, 흰 피부를 한 "꼬르떼스"를 약속대로 돌아온 전설 속의 왕으로 착각하였다는 것이다.

불과 10년을 두고 앞서거니 뒷서거니 하며 경쟁하듯이 멸망하는 두 민족의 운명을 보며 단순한 역사의 불가사의로 치부하기에는 너무나도 허전한 무엇이 마음 속에서 지워지지 않는다.

제8실은 오악사까실 (Oaxaca), 제9실은 멕시코 만 지방실 (Golfo de Mexico), 제10실은 마야실 (Maya), 제11실은 북부실 (Norte), 제12실은 서부실 (Occidente)로 꾸며져 있었다.

박물관 2층에는 돌뿐인 1층과는 달리 여러 부족의 생활양식과 풍속,

사회구조와 신앙 등을 소개한 방이 있으며 각종 공예품, 장식품, 일상용품, 의상 등이 진열되어 있다.

국립 인류학 박물관을 제대로 관람하려면 멕시코 역사에 대하여 기본적인 지식과 충분한 시간적 여유를 갖고 봐야 되는데, 불과 3시간 동안에 수박 겉 핥기로 둘러보려니 이해하기가 어려웠다.

박물관에서 숙소로 돌아오는 길에 이달고 역에서 내려 역사 주변에 있는 미술관과 국립 예술원 궁전을 둘러보았다.

"**국립 예술원 궁전**"은 웅장한 모습의 현대식 석조 건물로 극장에서는 오페라가 공연되고 있다. 모처럼 만에 오페라를 구경하려 했으나 예약이 되지 않아 관람권을 구입할 수가 없다.

극장 로비에 있는 기념품 가게를 두리번거리다 밖으로 나와 소깔로 광장 쪽으로 향하는데 갑자기 소나기가 쏟아지기 시작한다. 소나기를 피해 맥도날드에 들러 햄버거와 바나나 낫시를 시켜 저녁식사를 대신했다.

다섯째날

잠자리에서 일찍 일어나자마자 산책을 겸한 조깅으로 소깔로 광장을 다섯 바퀴 정도 돌고 숙소로 돌아왔다. 오늘은 3박 4일 동안의 멕시코 시티 관광 일정을 마치고 동부터미널로 나가서 오후 1시에 출발하는 오악사까 (Oaxaca)행 고속버스에 올랐다.

버스가 시내를 벗어나 벌거숭이 민둥산으로 접어들어 험준한 산악

길을 아슬아슬하게 넘어 2~3m 높이로 말뚝을 박아 놓은 듯한 선인장 군락지를 지나 7시 20분 경에 오악사까에 도착하였다.

터미널에 도착하자마자 도시의 중심가인 소깔로 광장 주변에 숙소를 잡으려고 40페소를 주기로 흥정하고 택시를 탔다.

광장에서 5분 거리에 있는 "파브리엔 호스텔"의 8인용 도미토리 침대 하나를 하루 밤에 100페소를 지불하기로 하고 숙소로 정하였다. 밤이 되면서 소깔로 광장에는 송구영신하려는 시민들로 가득 찼다. 축제가 무르익어 땅에서는 지랄탄이 뻥뻥 터지고 하늘엔 축포가 터져 별빛과 불꽃이 뒤섞여 밤하늘을 아름답게 수놓아 그야말로 장관을 이루었다.

해발 1,500m의 "오악사까"는 고원도시로 건조한 열대성 기후와 평야지역이라는 자연조건 때문에 고대부터 많은 문화가 번성했던 곳이다.

기원전 500년경 "몬떼 알반" (Monte Alban)이 건축되기 시작했으며 "사뽀떼까" (Zapoteca) 문화의 중심지가 되었다. 그러나 멕시코 전역에 퍼져있는 피라미드 지역이 하나같이 정점을 이루다가 갑자기 의문의 몰락을 보여주듯이 이곳 또한 250년에서 750년경까지

몬떼 알반 유적지

정점을 이루다 돌연 쇠퇴하고 말았다. 그 후 1,200년경에 도기와 금 제작으로 유명했던 믹스떼까와 사뽀떼까 문화의 영향을 받아 발전하다가 15세기에서 16세기초에 아스떼까 문화가 구축되었다.

오악사까는 스페인에 의해서 건설된 도시로 스페인의 어느 도시를 그대로 옮겨 놓은 듯 건축양식이나 도로망이 바둑판처럼 잘 정돈되어 있다. 현재 인구 30만 명 정도 되는 오악사까 주의 주도로 소깔로 광장을 중심으로 스페인 시절의 건축물과 원주민 문화가 골고루 남아 있어서 도시 전체가 민속촌 같은 고풍스러운 인상을 주기도 한다.

도시 근교에는 수천 년 전 사뽀떼까인과 아스떼까인이 구축한 고대 유적으로 몬떼 알반 (Monte Alban)과 미뜰라 유적지, 산간지방과 계곡들 사이에 자리 잡은 작은 마을들이 마치 민속촌처럼 전통을 지키고 있어 멕시코 풍의 풍물을 실컷 볼 수 있다.

오전 중에 시내에서 40분 거리로 10km쯤 되는 곳에 해발 2,000m가 넘는 몬테 알반 마야 유적지를 찾아 나섰다.

길도 잘 닦여 있고 차량도 많지 않아 올라가는 산길이 드라이브코스처럼 좋았다.

60여만 평의 산 정상일대는 나지막한 관목인 "고빨나무"의 하얀 꽃이 뒤덮여 있어 몬떼 알반 (백산)이라 불리게 되었다고 한다. 이 곳에 살았던 사뽀떼까인들은 고빨나무로 아름다운 소리의 의례용 악기를 만들었고 그 소리를 머금은 신의 형상을 조각했다고 전해지고 있다.

온통 흰색 꽃으로 덮여 있는 이곳을 사뽀떼까인들은 신성한 장소로 생각했다. 그리하여 그들은 이 장소를 "군주의 언덕" 이라 부르며, 붉은 색으로 신전과 무덤 건물들을 지었다. 흰색 꽃과 붉은 건물이 한데 어울려 사방을 뒤덮었을 당시의 엄숙하고 장엄한 광경을 상상케 하였다.

계곡에다 축대를 쌓아 사각형 모양의 집을 지어 마당 한복판에는 제단을 쌓고 동쪽 가장자리에 십자형의 무덤건물을 만들었으며 중앙광장에는 축구장도 따로 만들어져 있다.

무덤 안에는 벽을 모두 원색으로 칠하고 그 안에 사제와 신상을 만들어 넣었다. 여기에 그 집에 살았던 가족들의 형상을 빚어 많은 토기, 보물과 함께 넣어 두었다. 그들은 뼈에다 붉은 색을 칠했는데, 붉은 색이 저 세상의 태양 빛깔이라 믿었기 때문이다. 그들은 집을 산 자와 죽은 자의 공간으로 함께 썼던 것이다.

동서가 짧고 남과 북이 대칭하고 있는 이 유적은 중앙광장, 관측소, 신전 등 모두 26채의 건물이 남아 있으나 건물의 보존 상태가 좋지 않아 어떤 용도로 쓰였는지 알아보기가 쉽지 않았다.

이렇게 오르기 힘든 산 정상에 신

몬떼 알반 유적지 전경

전과 무덤을 만들어 천 년 이상의 침묵 끝에 체계적으로 발굴해 1987년에 유네스코의 세계 문화 유산으로 등록하고 지금 이방인에게 그 흔적을 보여주고 있는 것이다.

구름 한 점 없는 맑은 하늘에서 따갑게 내려 쪼이는 태양 볕에 얼굴을 그을리며 널찍한 몬떼 알반 유적지를 3시간 동안 둘러보고 오후 1시가 다되어서야 오악사까 시내 소깔로 광장으로 돌아왔다.

광장 주변에는 많은 시민들이 가족단위로 나와 한가로이 즐기고 있었는데, 설날을 보내는 우리네의 모습과 비슷해 보인다. 허기진 배를 길거리 포장마차에서 딱고와 양고기 꼬치구이로 채우며 이국에서 새해를 맞이한다.

오후에는 시내에서 가 볼만한 곳으로 멕시코의 대표적 바로크 건축물인 "산또도밍고 교회"와 지방 박물관을 찾아 나섰다. 교회 입구

산또도밍고 교회

에 들어서면 천장에 "성 도밍고"를 중심으로 성자의 상관도 (相關圖)라 할 수 있는 "생명의 나무"가 금박과 목조의 부조로 묘사되어 선명하게 눈에 들어온다.

산또도밍고 교회에서 가장 볼만한 것은 황금으로 된 주제단과 산따로사리아 제단을 들 수 있다. 두 제단은 전부 황금과 보석으로 호화롭게 치장되어 직선과 곡선이 미묘하게 조화를 이루고 있어 황홀하기가 그지없다.

교회 왼쪽 옆에 자리하고 있는 **"지방 박물관"**은 주로 몬떼 알반과 미뜰라 유적지에서 출토된 유물들이 전시되어 있다. 특히 몬떼 알반의 제7호 분묘에서 발견된 보물로 금을 아낌없이 사용한 액세서리, 보석이 박혀 있는 왕관, 1mm로 얇게 늘인 유리세공 기술 등을 자랑하는 유물 등이 넓은 전시실에 넘쳐나고 있다.

관광 일정을 마치고 소깔로 광장에서 두 블록 거리에 있는 재래시장을 찾아갔다. 규모가 큰 시장으로 한국의 남대문 시장의 축소판처럼 업종별로 분리되어 있다.

먹거리 시장에서 뿜어내는 매캐한 연기와 고기 굽는 냄새가 코를 진동해 회가 동하게 한다. 어느 식당을 가든지 먹거리가 있는 곳은 사람이 많아 걸터앉을 자리마저도 잡기가 쉽지 않았다. 어렵게 자리를 마련하여 장작불에 소고기를 올려놓으니 고기에 불이 붙어 아예 숯검정처럼 까맣게 탔다. 먹기를 주저하며 주위를 살펴보니 현지인들의 입언저리가 가관이다. 고래심줄보다 더 질긴 고기 몇 점을 시식하듯 맛보고 다음 목적지인 "뚝스뚤라"로 가려고 버스터미널로 발길을 옮겼다.

일곱째날

　어제 밤 10시경에 오악사까를 출발한 야간버스는 12시간을 달려 뚝스뚤라의 소깔로 광장에 도착하여 잠시 휴식시간을 보낸 다음 버스로 **"치아파스 데 코르소"**로 향했다.

　이곳 선착장에서 코르소 계곡의 호수를 따라 돌아오는 투어상품인 크루즈에 탑승하였다. 보트가 호수를 거슬러 올라가니 가장자리에는 악어가 노닐고 있다가 가까이 다가가면 숨바꼭질하듯 사라지고, 다른 한쪽에는 수달이 물고기를 따라 자맥질하는 모습도 보인다. 호수에는 각종 어류가 서식하기 때문에 주변 나뭇가지 위에 독수리가 무리 지어 앉아 있다.

　코르소 계곡은 여러 가지 모양을 상상할 수 있는 기암절벽과 산비탈엔 수분을 머금은 이끼가 겹겹이 쌓여 입체적인 초가지붕의 처마처럼 아름다운 곡선미를 연출해 내고 있다.

　2시간 동안의 크루즈 투어를 끝내고 뚝스뚤라에 귀환하여 다음 목적지인 "산크리스토발 데 라스 카사스"까지 2시간을 이동하여 유스 호스텔에 숙소를 정하

코르소 계곡

였다. 어제 밤부터 하루종일 버스로 이
동했기 때문에 그동안의 피로가
누적되어 온몸이 쑤시고 아파
서 저녁식사도 건너 뛴 채 바
로 잠자리에 들었다.

코르소 계곡 유람선 선착장

"산 크리스토발 데 라스 카사스"(San Cristobal de Las Casas)
는 주위가 높은 산들로 둘러싸인 조그마한 도시로 스페인의 식민지 시
대에 건설된 도시이다.

도시의 매력은 주변에 옛 생활을 그대로 보존하고 있는 인디오의 작
은 마을들이 여기저기 산재한다는 데 있다. 이 도시는 지금도 인디오
들이 만든 각종 민예품 교역센터가 되고 있는 곳이기도 하다. 특히 시
내에서도 선명하고 화려한 민속의상을 입은 인디오들이 오가는 모습
을 자주 볼 수 있어 토속적인 매력을 느끼게 하였다.

오전에는 산 크리스토발에서 북쪽으로 11km 지점에 위치한 "시나
깐딴"(Zinacantan) 인디오 마을을 찾아갔다. 이 마을 인디오들은 지
금도 일상적으로 민속의상을 입고 있으며 외부 세계의 변화에 둔감한
지 고집스럽게도 옛 생활을 지켜가고 있다. 아낙네들이 주로 밭일과
가사를 돌보는 한편 각종 민예품을 만들고 이것을 팔아서 생활에 보태
고 있다.

　이 마을은 주로 쏘씰계 인디오 마을로 민속의상이 남자는 자수로 둘레를 두른 술이 달린 핑크빛 뽄초를 입고, 춤이 얕은 밀짚모자를 쓰고 있는데, 그 모자 언저리에는 많은 리본을 매달고 있다. 모자에 매달고 있는 리본이 많을수록 마을에서 지위가 높다고 하니 리본이 매우 소중한 것이리라. 여자는 자수가 들어간 하얀 블라우스 위에 붉은 색으로 둘레를 두른 물색의 숄을 걸치고, 치마는 감색 천을 둘러 붉은 띠로 고정시키고 있다.

　처음 찾아 들어간 곳이 마을 어귀에 자리하고 있는 허름한 초가집 **"민속 박물관"** 이다. 박물관 내부에는 원색의 민속의상과 각종 민예품을 전시 판매하고 있다. 인디오 여인들은 이방인의 카메라에 자기 영혼을 빼앗기지 않으려는 듯 숄로 얼굴을 가리는 모습을 자주 볼 수 있다.

　길거리에는 인디오 여인들이 손수 만든 민예품을 관광객에게 팔고 있으나 상업성으로 오염되어 인디오의 순수성은 찾아보기 힘들었다.

　스페인의 지배를 받아온 중남미 모든 국가는 도시와 산골오지에 이르기까지 한결같이 바둑판 모양으로 잘 계획되어 있다.

산 크리스토발의 인디오 마을 민속 박물관

인디오 마을 여인들

한국이 새마을 사업으로 농촌환경을 개선했듯이 이곳 인디오 오지 마을도 교회와 학교까지 갖추고 있다.

마을 규모에 비해 상당히 큰 교회가 언덕 위에 세워져 있다. 교회 내부에 향을 진하게 피워 약간 역겨운 냄새가 코를 진동시킨다. 의자가 없는 바닥에 풀을 깔아 놓았다. 또한 그리스도나 여러 성인상에 민속의상을 입혀 놓은 모습이 특이하게 보였다. 제물로 달걀과 코카콜라를 차려 놓고 촛불 앞에 엎드려 기도하는 여인의 모습은 무당이 신에게 주문을 암송하는 것과 너무나 흡사해 보인다. 교회가 이곳에 정착하는 과정에서 토착신앙의 주술적이고 샤머니즘적인 요소까지 가미된 듯 싶었고, 현세에서 복을 기원하는 그들의 염원을 강하게 느끼게 해주었다.

약 3시간 정도 시나깐딴 인디오 마을을 이곳저곳 둘러보고 산 크리스토발 시내로 돌아와 잠시 휴식을 취한 다음 시내 관광에 나섰다. 1528년에 스페인의 점령 당시 치아파스주의 주도를 과시하듯 도시 건물들이 총천연색으로 단장되었는데, 촌스럽다는 생각은 들지 않고 오히려 그 자체가 아름답고 신선한 느낌을 주고 있다.

시내 유적지는 소깔로 광장을 중심으로 걸어다니면서 충분히 볼 수 있는 거리에 있다. 광장 정면에 1538년 까떼드랄 (Catedral)로 승격한 바로크 건축의 대사원이 있고 안에는 인디오 화가로 유명한 에리고스의 작품이 걸려 있다.

언덕배기 "산 크리스토발 교회"까지는 경사진 도로 위에는 만국기가 펄럭이고 있다. 이곳에서 시내 전경을 바라보면 저 멀리 과테말라의 영향을 많이 받아 건축한 "까르멘 사원"과 이 도시에서 가장 크다는 "산또도밍고 교회"도 한눈에 들어왔다.

밤이 되면서 갑자기 기온이 뚝 떨어져 한기를 느끼게 하였다. 내복으로 완전 무장을 하고 새벽 2시경에 출발하는 "팔랑케" (Palenque)행 버스에 올랐다. 그렇게 움츠리게 했던 밖의 날씨와는 대조적으로 차내 온도계가 20℃를 가리키고 있다. 밤이 깊어지면서 졸음이 엄습해와 자다 깨다를 반복하며 이른 아침인 6시 30분 경에 팔랑케 외각에 위치한 버스터미널에 도착하였다.

"팔랑케" 시내는 관광 도시답게 중심가 도로 양편으로 상점과 모텔들이 즐비하게 있고 카페가 분위기를 환하게 만들고 있다. 팔랑케는 정글 한가운데에 있는 작은 콜로니얼 마을로 까떼드랄, 소깔로 등의 오래된 건축물이 있기는 하지만 그리 대단한 곳은 아니었다. 그러나 최근 팔랑케 유적지를 찾는 관광객이 많아지면서 도시가 활기를 찾아

팔랑케의 소깔로 광장 주변 상인들

가고 있다. 이른 아침부터 분주히 하루 일과를 준비하는 사람들이 하나 둘씩 거리를 메워가고 있다.

그러나 관광도시 팔랑케의 시내 환경이 상당히 오염되어 지저분한 느낌을 주고 있다. 터미널 주변에 "Posada"라고 간판이 걸린 허름한 여인숙 수준의 숙소를 잡았다. 방 안에는 엉성하고 지저분하게 얼룩진 침대가 놓여 있고 천장엔 도마뱀까지 붙어 있어 나를 긴장하게 하였다.

오늘의 일정으로 팔랑케 유적지 관광투어를 신청하고 오전 9시에 출발하는 투어버스에 올라 유적지로 향하였다.

멕시코 유적 중에서도 가장 뛰어난 팔랑케는 마야의 가장 대표적인 유적으로 깊숙한 오지 정글 속에 자리하고 있었다. 문명을 이루기에는 지리적 환경이 불리한 조건처럼 보였지만 그러나 마야인들은 그것을 해냈다. 그 무엇이 마야인들을 이 깊숙한 산 속으로 내몰았는지 이방인에게 궁금증만 더하게 하였다.

유적 하나 하나에 눈이 휘둥그레지게 하는 각각의 건축물에 이름이 붙어 있는데, 비명의 신전, 궁전, 태양의 신전, 십자가의 신전 등이다.

'비명의 신전'(Templo de las Inscripciones)은 버스에서 내려 입구 쪽으로 들어서면 전면에 있다. 그 옆에 '카라베라 신전'과 '템프로 신전'

이 있어 주변의 아름다운 경치와 조화를 잘 이루고 있다.

신전 피라미드의 높이는 22m로 69개의 계단을 따라 올라가면 천장이 마야 아치로 된 신전이 나온다.

1949년부터 이 신전을 조사하던 멕시코 고고학자들에 의해 신전 바닥 밑으로 비밀 통로가 발견되었다. 지하에는 당시 '피칼왕'의 위장된 묘와 왕을 따라 순장된 여섯 신하의 유해가 있었다. 석실 안쪽으로 들어가면 중앙에 세로 3m, 가로 2.1m, 높이 1.1m의 큰 바위를 깎아내어 만든 무게 20톤의 석관이 있다. 석관 뚜껑에는 인간, 신,

팔랑케 유적 (비명의 신전)

묘 덮개판에 새겨진 인디언 모습의 부조

식물 및 마야문자가 빈틈없이 조각되어 있다. 그리고 석관내부에서 출토된 유물들은 현재 멕시코 시티의 국립 인류학 박물관에 전시되어 있다.

'궁전' (El Palacio)은 왕이 거주했던 곳으로 추정되는 팔랑케 유적 중 가장 아름다운 건축물이다. 동서남북으로 각이 잘 맞추어져 있으며 남쪽에는 첨성대와 같은 4층 정사각형 탑이 자리 잡고 있다. 이 탑 계

단 한쪽에는 금성을 나타내는 그림문자가 있으며 탑의 최상층에는 별을 관측할 때 사용했으리라고 생각되는 테이블이 놓여 있어 천문 관측소로 사용된 것이 아닌가 생각된다.

이곳에서 팔랑케 유적 전체를 한눈에 조망할 수 있어 관광전망탑으로 뿐만 아니라 사진촬영하기에 아주 좋은 장소라 생각되었다.

'태양의 신전'(Templo del Sol)은 신전 내부의 패널에 태양의 상징인 창과 방패를 가진 전쟁의 신이 조각되었고, '십자가 신전'(Templo de la Cruz)은 건물 내부에 십자가 문양이 있어 이름을 그렇게 부른단다.

12세기에 세워진 세계 최대의 석조 건축물인 캄보디아의 앙코르와트가 있다면, 멕시코에는 팔랑케의 마야유적이 있다고 하겠다. 앙코르와트는 힌두교와 불교의 중간형태 건물양식이지만, 팔랑케의 마야유적은 태양신에 대한 제단 등으로 사용된 건축물일 것이라고 생각되었다.

팔랑케 관광길은 습도가 아주 높은 정글지대라 길바닥이 질퍽거려 신발이 푹푹 빠졌다. 날씨마저 한낮이 되면서 삼복더위를 능가하는 바람에 땀방울이 등줄기를 타고 흘러내린다. 간식을 준비하지 못해 몹시 시장기가 들었지만 관광상품을 파는 곳은 있어도, 먹거리를 파는 상점은 한 곳도 찾을 수가 없었다.

팔랑케 유적지에서 나와 대기하고 있던 관광버스로 **"아구아 아술"**(Agua Azul)로 향했다. 스페인어로 '푸른 물'이라는 의미인 아구아 아술

팔랑케 유적 (궁전의 천문 관측소)

은 계곡의 정글에서 쏟아지는 물이 폭포를 만들고 하구로 내려와 호수가 되어 천혜의 자연풀장을 이루고 있는 곳이다. 호수물의 색깔이 푸른색도 아니고 비취색도 아닌 아름다운 색을 띄고 있어 보는 사람으로 하여금 감탄사가 절로 나오게 만든다.

이방인이 이역만리 이곳까지 와서 폭포 소리를 들으며 무위자연 속에서 현지인과 어울려 수영을 하고 있노라니, 그 누구도 부럽지 않고 행복하기만 했다.

열째 날

그동안 쌓였던 피로를 하루의 휴식을 통하여 풀고, 에너지를 재충전하는 가장 한가로운 시간을 보내고 있다. 오늘 밤 10시 15분에 출발하는 '메리다' 행 버스티켓까지 예약해 두었다. 그 때 까지는 자유시간이다.

그동안 나는 야간버스를 타고 가면서 먹을 간식을 준비하러 재래시장을 찾았다. 시장 물가는 주먹만한 사과 하나에 20페소 (2,000원)였다. 한국보다 오히려 물가가 비싼 탓에 조금만 사가지고 숙소로 돌아왔다.

열한 번째 날

메리다 (Merida) 버스터미널에 새벽 5시 30분 경 도착하여 가이드북에 나와 있는 '호텔 마르가리타' (Hotel Margarita)까지 도보로 20분 거

메리다 욱수말

리를 헤매며 찾아갔다. 3인용 침대와 화장실이 딸린 도미토리 룸을 하루 밤에 1인당 숙박비 55페소씩 주기로 하고 여장을 풀었다.

"메리다"는 유카탄 (Yucatan) 반도의 관문으로 욱스말과 치첸이싸를 방문하기 위해서 반드시 거쳐가야 하는 도시이다. 메리다 시내 건물들이 하얀 페인트로 치장되어 성냥갑을 세워놓은 듯 도시환경이 깨끗한 인상을 주고 있어 '백색의 도시' 라는 별명도 갖고 있다.

특히 우리 조상들이 일제 때 이곳 메리다까지 강제 이주되어 사탕수수 밭을 일구며 망향의 한을 달래던 곳이고, 지금도 후손들이 살고 있다고 들었다.

메리다에서 정남으로 80km 떨어진 울창한 정글 속에 숨어있는 마야의 유적지 '욱스말' (Uxmal)까지 가는데 1인당 왕복 60페소씩 주기로 하고 14인용 미니버스를 빌렸다. "욱스말 유적지"는 관람료를 87페소씩 받고 있어 다른 유적지에 비해서 상당히 비싸다는 느낌이 들었다. 그래서인지 유적지 안에는 다른 유적지에 비해 관광객이 그리 많지 않았다.

입구에 있는 박물관은 이곳에서 출토된 유물들을 전시하고 있다. 박물관을 통과하여 안쪽으로 들어서면 높이 38m의 거대한 마법사 피라미드가 정면을 가로막고 그 위용을 자랑하고 서있다.

끝없는 평야에 외롭게 서있는 욱스말의 유적은 물이 귀한 이곳에 왜 마야인들이 신전을 쌓았을까 하는 궁금증을 자아내기에 충분하다.

욱스말 유적은 '푸크' (Puuc) 양식으로 7세기 초 마야 전성기 시절의 건축물로 알려지고 있다. 푸크 양식의 특징은 여러 모양으로 조각된 돌을 짜 맞추어 건축물의 벽 전체를 복잡한 기하학적 무늬나 모자이크로 장식하는 기법을 말한다.

마법사 피라미드에 장식되어 있는 무수히 많은 비의 신 '차끄' 상을 볼 수 있다. 이 지방은 카르스트 지대로 하천이 거의 없어 생활용수를 빗물에 의지했기 때문에 비의 신을 주신으로 숭배하였다고 한다.

마법사의 신전은 높이가 38m의 거대한 몸짓을 둥근 망토로 둘러싸고 있는 듯한 타원형의 피라미드이다. 난쟁이가 마법사 할머니의 도움을 받아 하루만에 건축했다는 전설에서 유래되어 붙여진 이름이지만, 사실은 300년에 걸쳐 건축되었다.

절벽과 같은 118개의 계단의 경사도가 동쪽 42도, 서쪽 67도로 급경사다. 정상으로 올라가면 신전 입구에 비의 신 차끄가

욱수말 유적 (마법사 피라미드)

메리다의 조각품

큰 입을 벌리고 관광객을 유인하고 있다. 정상에서 바라본 욱스말 유적지 전경도 좋지만 벽면에 부조된 조각들은 마치 살아서 나올 것 같은 예술적 아름다움이 멕시코의 다른 어느 유적지보다 뛰어나 보였다.

'사원'(Cuadrangulo de Las Monjas)은 마법사 신전에서 서쪽으로 걸어가면 약간 높은 기단 위에 동서남북으로 서있는 건물이다. 이 건물 중앙에 동대문운동장 만한 안뜰을 4개의 직사각형의 건물이 둘러싼 구조로 되어 있다. 74개나 되는 작은 방이 많아 사원이라 불린 것인데 실제로는 궁전이었던 것처럼 보인다. 내부의 천장은 모두 푸크 양식의 특징인 마야 아치로 꾸며져 있다.

외벽에는 모자이크로 뱀의 신 (꾸불칸)과 비의 신 (차끄) 등이 부조되어 있고 특히 위쪽에 날개를 펼치고 있는 꾸불칸 조각으로 보아서 똘떼까 문명의 영향을 받았음을 짐작케 한다. 길게 뻗은 뱀은 서로 휘감기며 비의 신 차끄를 지나 제물로 보이는 사람모양 쪽으로 입을 크게 벌리고 있어 이 시대에 인신공양이 행해졌던 것으로 여겨진다.

4개의 건물마다 안뜰로 나있는 방문에 2개의 방이 붙어 있고 시커멓게 때가 묻은 내부 천장은 모두 아치 모양으로 꾸며졌다. 방 안은 아슴푸레한 공간에 많은 제비 떼가 안팎으로 날아다니고 있다. 안뜰엔 파란 잔디와 푸른 하늘이 시각적으로 시원하지만 바람 한 점 없는 무더운 공기 속에서 몸은 땀으로 뒤범벅이 되었다.

사원의 남쪽 아치를 지나서 총독의 저택으로 향하는 도중에 땅이 약
간 꺼져 내린 평평한 곳에 '구기장'(Juego de Pelota)이 있다. 돌 벽이
심하게 훼손되었지만 중앙의 돌링에는 부조가 확실하게 남아 있다. 종
교적 의미가 강한 구기는 축구처럼 손을 사용하지 않고 공을 발로 차
서 돌링에 넣으면 승리한다는 규칙이 적용되었다.

구기장을 나와 남쪽 계단을 오르면 광장이 나오고 다시 중앙 계단을
30여 개 올라가면 남북 180m, 동서 153m로 조성된 대지 위에 원형에
가깝게 잘 보존된 건물 하나가 동쪽을 보고 서 있다. 이 건물이 '총독
의 관저'(Palacio del Gobernador)로 마야 건축 중에서 가장 조화가 잘
된 건축물 중의 하나란다.

총독의 관저 남단을 돌아가면 서쪽에 붙어 있는 '대 피라미드'(La
Gran Piramide)가 나온
다. 높이 32m의 대 신
전으로 이곳에서 바라
본 전경이 매우 아름답
다. 정상 주변은 복구가
안된 세 방향으로 돌무
더기가 널려 있고 그 위
에 나무가 무질서하게
자라고 있다. 이곳은 욱
스말에서 가장 높은 부
분이다.

욱수말 유적

사방은 끝자락이 보이지 않는 울창한 정글의 푸른빛이 시원스럽게 전개되어 순식간에 피로를 잊게 해준다. 정상에서 내려다보는 계단이 급경사를 이루어 현기증을 느끼게 하여 내려올 때는 약간 조심스러웠다.

대 피라미드에서 서쪽으로 보이는 건축물이 '비둘기 집'(Ei Cuadrangulo de lAS Palomas)이다. 건물이 모두 붕괴되고 벽만 간신히 남아 있어 베를린 장벽을 상상했지만 어떤 역할을 한 건축물인지 알 수는 없다. 무너진 건물 벽면 위에는 톱날 같은 삼각형의 지붕 모양이 아홉 개가 동일한 간격으로 늘어서 있고 비둘기 둥지 같은 작은 격자 창이 계속해서 가지런히 뚫려 있을 뿐이다.

정오 무렵에 관광을 마치고 콜렉티보가 대기하는 매표소 입구 주차 장으로 향하였다. 도보로 10여분 정도 거리를 가는데 강하게 내리 쬐 는 땡볕에 숨결이 거칠어지며 얼굴은 까맣게 그을려 인디오를 점점 닮 아 가는 느낌이다.

프로그래소 해변

콜렉티보는 끝없는 평야를 질주하여 한 시간만에 메리다 시내 소깔로 광장에 도착하였다. 광장 주변 시장에서 간단히 '딱고'로 점심을 해결하고 오후에는 메리다 시내에서 1시간 거리에 있는 "프로그래소 해변"을 찾아 나섰다.

계절이 너무 빠른지 아직은 수영장이 개장되지 않아 관광객이 거의 없어 한산하고 쓸쓸하였다. 원래 관광이란 사람이 많이 모여 시끌벅적해야 제멋이 나고 경관도 즐기는 법인데, 홀로 찾는 차가운 겨울 바다는 외롭고 쓸쓸할 뿐이다. 그러나 백사장은 밀가루보다 더 곱고 부드러워 촉감이 아주 좋았다.

오늘은 치첸이짜를 거쳐 휴양 도시 칸쿤으로 가기 위하여 이른 아침부터 서둘렀다. 일행들 중에는 각자 배낭을 호텔 프런트에 내놓고 어제 예약해 두었던 콜렉티보가 오기를 기다리고 있다. 약속된 8시가 넘어도 버스가 오지 않자 일행들 중에는 호텔 앞 도로변에 나가 기다리는 사람, 또는 방에서 자유롭게 쉬고 있는 사람도 있었다.

그런데 프런트 벤치 위에 놓아둔 작은 배낭이 잠시 한눈을 파는 사이에 없어졌다고 H여사가 사색이 되어 일대소동이 벌어졌다. 호텔 현관 앞에 버스가 오기를 기다리는 일행이 5명이나 있었기 때문에 배낭을 들고 나가기가 어려운 상황인데 어떻게 감쪽같이 없어졌는지 의문이 제기되었다. 이 호텔에 묵고 있는 투숙객은 우리 일행 밖에 없었기 때문에 호텔 내부자의 소행이 아닌가 보고 지배인이 룸 청소를 하는 아주머니를 의심하여 다그쳐 묻기도 하였다.

그 당시 호텔 앞에서 한 놈이 카드와 지갑을 떨어뜨리며 주위의 시선을 그쪽으로 집중시키고 다른 한 놈은 벤치 위에 놓인 배낭을 날치기해 사라진 것으로 추측할 뿐이다.

H여사의 작은 배낭 안에는 여권과 항공권, 현금 1,300불, 카드, 카메라까지 여행에 필요한 중요한 모든 것이 들어 있었다. 특히 여권과 항공권을 찾지 못한다면 H여사는 앞으로 여행을 계속하지 못하고 한국으로 돌아가야 될 것 같았다.

메리다 경찰서에 도난 신고를 하니 경찰이 나와 현장조사를 하고 경찰서로 가서 사건경위 진술서를 작성하고 확인서를 받았다.

한편으로는 멕시코 시티에 있는 한국 대사관에 전화로 여권 분실신고를 하니 여행증명서(TC) 발급은 7일 이상이 소요된다고 한다. 그렇다고 H여사를 혼자 남겨두고 떠날 수도 없었다. 이렇게 예상하지 못한 날치기 사건으로 여행 일정에 차질이 생겨 일행들은 이 호텔에서 하루를 더 묵기로 했다.

일행들의 분위기가 침통하게 가라앉아 기분 전환용으로 시장에 가서 통닭 3마리와 멕시코의 민속주인 데킬라를 사다가 파티를 열었다.

오후에 우체국 가서 서울 아내에게 전화를 걸고 호텔

멕시코 비자

멕시코는 한국과 최대 90일까지 일반 관광객 방문시 무비자 협정이 되어 있다. 하지만 실제 체류 허가 기간은 공항이나 국경 통과시 이민국에서 찍어주는 스템프에 명시된 기간이 된다.

로 돌아온 길에 관광 기념엽서를 몇 장
사서 아내와 큰 딸 보영에게 엽서를 띄
웠다. 저녁에 산책을 겸해서 소깔로 광
장으로 나가니 나무마다 모양에 따라
조명을 아름답게 꾸며 놓아 황홀한 분위
기에 빠져들게 하였다.

여권분실로 침통한 분위기

　광장 맞은 편 대성당도 오색의 조명을 받아 마
치 은은한 천상의 세계를 옮겨놓은 듯한 아름다운 경관을 연출하고 있다.

열 세 번 째 날

　어제의 날치기 사건은 미궁에 빠져 바로 해결될 것 같지 않아 경찰
서와 호텔에 수시로 연락을 취하기로 하고 H여사를 포함한 일행 모두
는 메리다를 떠나기로 했다. 아침 8시 50분 경 콜레티보를 이용하여 다
음 목적지인 치첸이싸로 향하였다.

　"치첸이싸"는 메리다에서 2시간 거리로 칸꾼으로 가는 중간지점
에 자리하고 있다. 치첸이싸 (Chichen Itza)란 마야어로 '우물가의 집'
이라는 뜻으로 유카탄 반도 최대의 세노떼 (Cenote)는 비의 신인 차끄
가 살고 있는 '성스러운 샘' 으로 믿었다.

　세노떼는 신전에서 800m 정도 떨어진 밀림의 습지대로 주변에는 바
다나 강이 보이지 않는다. 석회암의 토양 때문에 내린 비가 모두 땅 속
으로 흡수되어 지하에 물이 괴어 웅덩이가 생기는데 그 웅덩이 위의

치첸이싸의 유적 (카스티요 피라미드)

지면이 함몰된 것이 '세노떼' 라고 한단다. 당시에는 이곳에도 사람과 귀금속을 제물로 바치고 식수를 제공받았다고 전해지고 있다.

마야문명은 주로 중앙 아메리카 남부 밀림지대에서 번성하였다. 수많은 도시 유적이 이 곳에 흩어져 있는데, 치첸이싸는 밀림 속에서 200년 이상 유카탄의 예술, 종교, 경제의 중심지였다. 6세기~10세기 사이에 마야와 똘떼까 문명의 융합으로 최고의 전성기를 누렸던 밀림의 왕국은 13세기경 마야팡 족의 공격으로 그 모습을 감추고 말았다. 마야인의 제5 태양의 시절을 연장하기 위해 인간의 육신을 제물로 바쳤던 차끄 몰 상의 위엄은 아직도 신비의 모습 그대로이다. 지금도 당시의 영화를 짐작케 하는 장엄한 유적이 남아서 이방인을 기다리고 있는 듯 하였다.

매표소에 입장료 87페소를 지불하고 티켓을 구입하여 안으로 들어가면 메인 광장 중앙에 피라미드 카스티요가 웅장하게 서있다. '카스티요' (El Castillo)란 스페인어로 '성 (城)' 이라는 의미로 바닥 둘레 55m, 높이 23m의 피라미드형 신전으로 9세기초에 완성된 건축물이다.

피라미드 4방면에서 올라가는 계단이 각 91개씩 있으므로(91×4=364), 여기에 정상의 1개를 합하면 1년의 날수인 365개가 된다. 카스티요는 그 자체로 마야의 달력을 나타내고 파이 (3.14)공식에 꼭 맞아 떨어지는 과학적 구조물이다. 더 확실한 것은 춘·추분에는 피라미드를 비추는 그림자가 마치 살아 움직이는 뱀의 형상을 만들어 내는 진풍경을 볼 수 있다고 한다.

신전 내부의 어두운 계단을 올라가면 작은 신전이 있고 그 곳에는 비취색 눈을 가진 빨간 재규어 상과 치끄 몰 상이 다시 환생하려고 때를 기다리는 것이 아닌가 상상해 본다.

‘전사의 신전’ (Tempo de los Guerreros)은 3층의 기단으로 신전 주변이 전사의 부조가 새겨져 ‘천 개의 돌기둥을 가진 신전’ 이라고도 부른다.

신전 중앙에는 차끄 몰 상이 자리하고 전면과 주위에는 여러 형상의 그림이 부조된 석주가 나란히 서있다. 상단 입구에 차끄 몰이 누워서 허공을 바라보고 희로애락의 감

치첸이싸의 유적 (전사의 신전)

치첸이싸의 유적 (천주의 그룹기둥)

정을 품고 있는 묘한 모습을 느낄 수 있다.

이곳이 수많은 전사의 심장을 제물로 인신 공양하는 제단으로, 죽음의 고통이 신과 만남의 기쁨을 안겨주는 천상의 낙원이라 믿었을 그들의 모습을 상상해 본다. 지금도 저 계단을 당당히 올라 죽음의 영광을 축하받을 전사가 나올 수 있을까? 차끄 몰 상에게 물어보고 싶다.

카스티요 전면에 위치한 '구기장' (Juego de Pelota)은 길이 150m로 중미의 최대의 경기장이다. 마야인의 경기는 단순한 오락이 아니라 신에게 풍요를 기원하는 제물을 바치기 위한 생명을 담보로 한 종교의식이다.

경기 내용은 생고무로 만든 공을 벽 상단에 설치한 원 (링) 안으로 통과시키는 경기로 손을 사용하지 않고 윗가슴과 발만 이용하여 공을 넣어야 했다. 마야인들의 당시 경기하는 모습을 경기장 입구 벽면에 그림을 그렸는데, 승리한 팀의 주장이 영광을 떠 안고 산 제물로 바쳐졌다.

내벽의 기단 부분에는 승리자의 목을 잘라 제물로 바쳐서 흘러내린 피가 7마리의 뱀이 되어 용솟음치고 있으며 전면에는 화초에서 새싹이 돋아나는 그림도 있다. 또한 오른손에 칼, 왼손에는 목을 가진 군인과 해골이 새겨진 공을 둘러싼 양쪽의 선수가 그려져 있다.

이방인이 보기에는 농구처럼 벽 상단에 돌로 된 링을 세로로 설치하였으나 골대의 높이가 지금의 농구 골대 보다 높고 돌 링 구멍도 너무 작아 보였다. 그렇다면 공이 경기 규칙에 따라 링 안을 통과하기란 낙타가 바늘구멍을 통과하는 것만큼 쉽지 않았을 것이라 생각되었다.

'쏨반뜰리' (Tzompantli)는 경기장 옆에 있는 곳으로 4각형의 벽면에

는 다양한 표정의 두개골이 새겨져
있다. 이곳은 인간의 몸을 제물로
바친 경기 승리자의 영광스런 죽음
을 기념하고 대중들에게 두개골을
보여주고 영원히 기억하기 위하여
벽면에다 부조한 것이 아닌가 추리
를 해본다.

마야의 상징인 '재규어의 신전'
(Tempo de los Jaguares)은 경기장
동쪽 벽면에 10세기경 똘떼까 침입
으로 그들과 전쟁하는 모습을 그려
놓은 것이다. 밀림에 사는 재규어는
마야인에게 공포의 대상이며 강인
함의 상징이기도 했다.

마야의 매우 중요한 상징물로 3가
지가 있는데 뱀 (코찰케아틀)과 콘
돌 (하늘을 상징) 그리고 재규어 (용
맹과 땅을 상징)이다.

치첸이싸의 유적 (구기장)

치첸이싸의 유적 (재규어 상)

둥근 돔의 '까라꼴' (Caracol)은 마야의 천문 관측대로 9m의 발코니
위에 높이 13m의 관측소가 얹혀 있다. 관측소 동쪽과 북쪽은 붕괴되
었지만 남쪽과 서쪽은 원형을 유지하고 있다. 남쪽에는 정남향 (경선)
을 향한 창, 서남쪽에 달이 지는 최북선을 보는 창, 서쪽의 각도에 따
라 춘분 · 추분의 해와 달이 지는 시간을 정확하게 관측했다고 한다.

또한 천문대의 대좌의 정면은 서쪽에서 27.5도가 북쪽을 향하고 있으며, 이것은 금성이 가장 북쪽으로 떨어지는 방향이다.

마야인들은 태양·달·별의 운행을 육안으로 관측하여 정확한 달력을 만들어 냈다고 전해지고 있다. 피라미드를 건축하고 달의 움직임에 따라 춘분과 추분 및 일몰과 월몰까지 알아낸 마야인들은 과연 어느 정도 지능을 보유하고 있었는지 그저 놀랄 뿐이다.

'사원'(Casa de las Monjas)은 까라꼴 남쪽에 있는 건축물로 길이 20m의 기단과 많은 방이 있는 2층의 건물 구조물이다. 똘떼까 문화의 영향을 받지 않은 순수 푸크 양식의 건축물 차끄 상이 눈에 띄지만, 사원은 붕괴되고 기단의 잔해만 남아 있어 실제로 어떤 역할을 했는지 정확히 알 수는 없다.

오전 4시간 정도 치첸이짜 유적지를 돌아보며 기념사진 촬영과 가이드북을 통하여 어떤 유적지로 무엇을 하는 곳인지 일일이 확인하는 데 많은 시간을 보냈다. 태양의 직사광선이 얼마나 강하게 내리 쬐는지 얼굴이 후끈거려 온다. 콜라 1리터 한 병을 마셨는데도 너무 많은 땀을 흘려 갈증과 탈수로 기진맥진해 쓰러지기 일보 직전이다.

마야 최대의 유적지에 수많은 관광객이 점심을 즐길 레스토랑이 출입구 건물 안쪽에 유일하게 하나가 있다. 레스토랑에는 식사를 하려는 관광객이 많아 길게 줄을 서서 기다려야 한다.

치첸이짜 유적지 출입문을 나오면 바로 주차장 겸 버스터미널이다. 이곳에는 메리다행과 칸꾼행 버스가 자주 있고 칸꾼까지는 5시간이 소요되고 버스요금은 1인당 77페소이다.

오후 2시에 출발하는 칸꾼행 완행버스는 초만원으로 앞뒤로 메고 있는 큰 배낭과 작은 배낭을 내려놓을 곳마저 마땅치 않았다. 이렇게 복잡한 완행버스는 가다 쉬기를 반복하며 석양 무렵에 칸꾼 시내 센뜨로 중심부에 있는 종합버스터미널에 도착하였다.

오늘의 최종 목적지는 종합버스터미널에서 합승버스를 타고 4km 거리에 '뿐따 삼'(Punta Sam) 선착장으로 이동하여 이곳에서 페리 여객선에 승선하여 '이슬라 무헤레스 섬' 으로 가는 것이다.

뿐따 삼 선착장에 도착하니 시간이 너무 늦어 오늘의 정기 여객선 운항은 종료되었다고 한다. 그러나 하늘이 무너져도 솟아날 구멍은 있다고 밤 8시 30분 출항하는 화물 운반용 바지선에 어렵게 승선하였다.

칸꾼의 남쪽에 위치한 이슬라 무헤레스를 향해 떠나는 바지선 갑판 위에 서서 두둥실 떠있는 둥근 달빛을 받으며 카리브해를 건너가는 이 상쾌한 기분은 무어라 말로 형언할 길이 없다.

바지선은 50분 정도 카리브해를 가로질러 꿈에 그리던 배낭여행자의 천국이라는 이슬라 무헤레스 선착장에 도착하였다.

숙소는 '포스 나 유스 호스텔'(Poc Na Youth Hostel)로 8인용 도미토리이며 1박에 1인당 125페소를 주기로 하고 짐을 풀었다. 숙소 구조가 로마의 지하묘지인 '카타콤베'를 연상케 하는 완전 닭장이다.

여행자들로 넘쳐나는 번화한 식당가로 나와 때늦은 저녁식사를 하고 숙소로 돌아오자 피곤한 몸은 이미 꿈나라로 향했다.

열 네 번 째 날

　　"이슬라 무헤레스" (Isla Mujeres)는 칸꾼 남쪽에 위치한 길이 8km, 폭 300~800m의 조그마한 섬으로 이름에서 비밀스런 신비를 느끼게 하듯 '여자의 섬' 이란 의미를 갖고 있다. 1517년에 프란시스꼬 에르난데스가 이 섬에 상륙했을 때 '익스첼' (Ixchel)이라는 마야 여신상이 많이 발견된 것이 그 이름의 유래라고 한다.

　　섬 북쪽에는 비치를 중심으로 관광 타운이 형성되어 있고 남단에는 마야 유적지 '루이나' (Ruina)가 있다. 호텔이나 해양 스포츠 등 편의 시설이 잘 갖추어진 칸꾼에 비해 조금은 불편하지만 물가가 저렴하기 때문에 실속파 여행자가 많이 찾아 '배낭족의 성지' 를 이루고 있다.

　　모두가 잠들어 있는 새벽녘에 H여사가 빚지고 야반도주하는 심정으로 현관문을 나가는 모습이 너무 애처로워 보였다. H여사는 멕시코 시티로 가서 한국대사관에 여권 분실신고 및 여권을 신청하고 새로운 여권이 발급되면 서울로 돌아갈 수밖에 없었다. 배낭 도난 사건 이후 일행 중 몇 사람이 뜻을 모아 H여사에 400달러 정도를 전달했었다. 이역만리 타국 땅에서 여권과 항공권을 분실하면 어떤 결과가 돌아오는지 이번 기회에 분명히 보았다.

　　아침 식사는 유스 호스텔에서

이슬라 무헤레스 해변

제공하는 토스트 2장과 커피 1잔으로 부족한 듯 해결했다. 오전 10시까지는 그동안 미루어 두었던 옷가지를 세탁하여 나무 가지에 줄을 매어 걸어두니 따갑게 내리 쬐는 햇볕에 건조가 잘 되었다.

유스 호스텔에서 북쪽으로 100m정도 올라가니 해변의 모래사장 위에 펼쳐진 비치파라솔이 장사진을 이루고 있다. 세계 각국에서 찾아온 여행자들로 초만원을 이루어 인종시장을 방불케 한다. 비키니 수영복 차림의 생기발랄한 아가씨들이 날씬한 몸매의 각선미를 자랑하고 있다.

발에 밟히는 미색을 띤 모래가 밀가루처럼 부드럽고, 파도가 출렁이며 휩쓸고 간 젖은 모래를 한 주먹 움켜쥐면 밀가루 반죽처럼 되기도 하였다.

끝없이 펼쳐지는 청록의 바다와 순백의 눈부신 모래사장, 그리고 수영복 차림의 선남선녀들이 자연과 조화를 이루어 더욱 아름답다.

카리브해의 비취빛 수면과 파란 하늘이 맞닿은 수평선은 어디가 바다이고 어디가 하늘인지 구별하기 어려웠다. 하늘색과 녹색이 섞인 짙은 해면 위에는 햇빛이 부서지고 흰 파도가 거품을 물고 밀려왔다 밀려가는 카리브해의 '이슬라 무헤레스' 처럼 맑고 깨끗한 해수욕장을 나는 본 적이 없다. 준비해간 수영복을 입고 많은 사람들 사이로 오가며 계속 밀려오는 파도를 타고 청록의 바다를 누비며 즐겼다.

저녁식사 후 낚시도구를 준비하여 선착장으로 나가니 태양이 이글거리던 낮과 달리 고요한 밤바다에 살랑살랑 솔바람이 불어와 한기가 느껴진다. 원래 낚시에 소질이 없는 데다 맥주 세 캔에 약간의 취기가 올라와 일행보다 먼저 숙소로 돌아가기로 했다.

밤이 무르익은 '데킬라' 중심가 노상에는 테이블과 탁자를 갖춘 오

이슬라 무헤레스 해변

픈바가 열렸다.

거리의 악사들은 연주와 노래로 흥을 돋우면 젊은이들은 반주에 맞추어 환락의 춤판을 벌인다. 사회자가 중남미 각국의 춤을 소개하면 아름다운 여성들과 제비족 남자들이 섹시한 춤으로 황홀한 밤을 사로잡았다.

열다섯번째날

이틀 밤을 묶었던 카타콤베 숙소에서 5분 거리에 있는 'Posada Isla Mujeres Hotel'로 옮기었다. 2인 1실로 샤워시설까지 갖추고도 숙박비가 1인당 100페소로 저렴하였다.

이른 아침 선창가로 산책을 나갔다가 방금 잡아온 길이 70㎝ 정도 된 큰 도미를 사가지고 돌아왔다. 한국의 원두막처럼 지어진 해안 경비초소가 있어 그곳으로 다가가니 초소를 지키고 있던 중년의 경비원이 자리를 비워주며 사용해도 좋다고 한다.

우리 일행 5명은 선창에서 구입해온 도미를 맥가이버 칼로 회를 떴다. 카리브해의 출렁이는 파도를 바라보며 데킬라에 도미회를 안주 삼아 먹는 이 맛을 어느 신선인들 알겠는가! 점심은 회를 뜨고 남은 도미

로 매운탕을 맛있게 끓여 포식을 하고 오후에는 소화도 시킬 겸 해안
선을 따라 섬 일주에 나섰다.

그동안 여행에 지쳐있던 고달픈 몸을 풀어줄 최고 휴식처 카리브해
를 걷는 것만으로도 상쾌한 기분을 느낄 수 있었다.

전망대 쪽에는 왜가리가 날고 펠리컨, 군함새 등이 자맥질을 하고
있는데 옆에 사람이 다가가도 아예 경계도 하지 않는다. 섬 중심부 서
쪽에 있는 아름다운 '꼬꼬비치' 해변은 투명한 바다로 열대어가 많이
서식하여 스노클링을 즐기기에 좋은 장소이다. 또한 모래를 가지고 노
는 어린이들, 일광욕을 즐기는 관광객들, 이 모두가 한가로운 남국의
풍경이다. 해변에는 제트스키, 수상스키, 윈드서핑 등 다양한 해양 스
포츠를 즐기는 사람들도 많았다.

오전 내내 그렇게 좋았던 날씨가 갑자기 태풍이 몰려오면서 큰 파도
를 일으켜 섬 전체를 집어삼킬 듯 한다. 해수욕을 즐기러 나왔던 사람
들은 숙소로 돌아가고 대부분의 상가들은 오늘 하루장사를 망친 듯 셔
터를 내린다. 해변에서 쫓겨온 관광객들은 중심가인 소깔로의 카페로
몰려들어 일찌감치 맥주파티로 밤을 여는지 떠들썩하다.

쾌청한 날씨에 부드러운 햇살이 여행하기 가장 좋은 계절로 이곳을
떠나기가 무척 아쉽다는 생각이 든다. 2박 3일 동안의 꿈같이 달콤한
휴식을 보내고 아침 9시 출항하는 페리호에 승선하여 옥빛 바다를 가

로질러 칸꾼으로 향하고 있다.

"**칸꾼**"은 산호로 만들어진 섬으로 2개의 다리가 유카탄 반도 동쪽 끝과 연결되어 아름다운 카리브해와 산호초 사이에 떠 있다. 투명한 바다 속에는 총천연색으로 몸단장을 한 열대어와 산호초가 서식하고 있다. 칸꾼은 세계적인 리조트 지역으로 쾌적하고 아름다운 해변에 초일류 호화 호텔들이 자리하고 있다.

그러나 배낭 여행자들이 즐기기에는 경제적 부담이 되어 주로 이슬라 무헤레스를 찾는다. 들어올 때는 달빛 아래 바지선을 이용하였고 나갈 때는 정기여객선 페리호 갑판 위에서 카리브해의 전경을 보며 가고 있다.

칸꾼 종합버스터미널을 출발한 버스는 2시간 거리에 위치한 마야의 해변도시 "**툴룸**" (Tulum)에 도착하였다. 토산품 가게 앞마당에서 원주민들이 밧줄을 타고 돌아가는 공중 민속 쇼를 관광객에 보여주고 있다. 정류장에서 툴룸 유적지 입구까지 800m 거리로 코끼리버스를 타고 가는 사람도 있으나 우리 일행은 걸어갔다.

매표소에서 35페소를 주고 티켓을 끊어 유적지 입구로 들어가지만 티켓을 받는 직원은 한 명도 없다. 티켓을 사지 않는 사람도 무사 통과하는 것을 보니 괜히 티켓을 구입했다는 생각이 들었다.

시원한 카리브 해변에 마 야 유적

이 당시 귀족들의 별장들처럼 눈앞에 펼쳐지고 있다. 중앙에 톨텍 영향을 받은 높은 석조건물의 신전이 있고 건물 주위는 돌담을 쌓았고 아치형으로 된 입구도 만들어져 있다. 신전 앞에는 이 마을 수호신인 바다의 신을 정교하게 조각하여 지금도 선명하게 남아 있고 상당히 큰 마을이 형성되었던 잔해들도 여

툴룸유적지

기저기 흩어져 있다. 그밖에 몇 개의 신전들이 외각으로 분산되어 건축되었고, 신전 앞에 펼쳐진 카리브해는 햇빛과 출렁이는 파도에 따라 시시각각으로 옥색과 검푸른 색깔로 변하는 모습이 장관을 이루고 있다.

툴룸의 아름다운 경관을 마음속 깊이 간직하고 오후 4시 15분에 출발하는 완행버스에 올라 4시간을 주행한 끝에 **"체투말"**(Chetumal)에 도착할 수 있었다. 멕시코 국경도시 체투말은 숙박시설이 별로 없어 요금과 물가가 상당히 비싼 편이었다.

내일 아침 6시에 출발할 과테말라 플로레스행 버스를 먼저 예약했다. 여기저기 다니면서 숙소를 알아보지만 숙소가 부족하기 때문에 숙박료가 물어볼 때마다 올라간다. 어렵게 숙소를 잡았으나 환경이 불결하여 화장실 냄새가 코를 진동하였다. 2인용 더블침대의 스프링이 쿨렁거려 취침 중 움직이거나 기침을 하면 옆 사람은 바닥으로 떨어지거나 잠에서 깨어나곤 할 정도였다.

벨리즈 · 과테말라

열일곱번째날

   그동안 멕시코의 중앙고원을 거쳐 오악사까주와 유카탄 반도의 카리브해를 지나 이곳 체투말까지 오는데 16일 동안을 달려왔다. 오늘로서 멕시코 여행을 마치고 국경을 넘어 과테말라로 떠나기 위해 새벽부터 서둘러 6시에 출발하는 버스에 올랐다. 국경을 왕래하는 버스가 이렇게 고물버스로 운행되고 있다는 것이 이해가 되지 않았다.

   6시에 출발한 버스는 약 40분을 달려서 멕시코 국경에 도착하여 출입국 관리소에 출국신고를 하고 다시 버스로 조금 이동하여 '벨리즈' (Belize) 출입국 관리소에 도착하였다.

   지금까지는 한국인도 무비자로 벨리즈를 경유하여 과테말라로 나가곤 했다. 그런데 이번에는 25달러를 내고 경유비자를 받아야 한다며 입국을 거절한다. 같이 있었던 영국 및 호주 여행자에게는 비자 없이 입국이 허용되었다. 출입국 관리소 직원에게 한국인은 왜 입국비자가 있어야 되는지 따져 물어보니 지금까지는 자기들 실수로 입국이 허용된 것 같다며 화를 내며 사무실로 들어가 버렸다. 약 3시간 정도를 실랑이를 벌이다가 결국 25불을 지불하고 경유비자를 받았다. 자국민 보호를 위한 한국 대사관의 외교 부재가 이런 결과를 가져온 것이다.

   벨리즈는 중앙아메리카 유카탄반도 남동부에 있는 나라로 북쪽은 멕시코, 서쪽과 남쪽은 과테말라와 접하고, 동부는 카리브해에 면하고 있다. 면적이 23.000㎢이고, 인구는 26만 3천명으로 수도는 '벨모판' 이다.

   지형은 남부에 마야산맥이 남서쪽에서 북동쪽으로 이어지고, 최고 세계에서 두번째로 큰 산호초 바다와 가도가도 인가는 커녕 사람 그림자도 보기 힘든 외길 도로, 뱀과 이구아나가 도로에서 어슬렁거리고 멕시코나 과테말라와 같은 이웃나라에서는 생태보호로 금지시킨 희귀 동물들인 아르마디요나 파카 등 정글 동물들을 아직도 잡아먹는 나라가 벨리즈이다.

강원도와 경기도를 합친 면적에 총 인구 25만 밖에 되지 않는 아주 조그마한 카리브 해의 나라에 카리브 흑인, 마야인, 중미인, 백인, 중국인, 인도인, 독일인, 한국인 등 여러 인종들이 함께 어울려 평화롭게 살고 있다.

라틴아메리카에서 가장 늦게 독립을 했고, 스페인 식민지 사이에서 영국 식민지였다는 사실도 벨리즈가 다른 곳과는 다른 정책과 현실을 가지고 있다는 사실을 입증한다.

1. 수도 : 벨모판
2. 시차 : 한국보다 15시간 늦다
3. 주요언어 : 영어 (공용어), 스페인어, 크레올어
4. 종교 : 카톨릭 62%, 신교 30%, 기타 8%

봉은 콕스콤산 (1,122m)이며, 북부를 향해서 고도가 낮아진다. 북부의 해안평야는 평탄하며 많은 하천이 카리브해로 흘러든다.

나라 이름은 마야어로 '진흙 물'을 의미한다. 해안에는 세계에서 손꼽히는 산호초가 발달되어 있다. 기후는 아열대에 속하지만 무역풍이 불어 비교적 지내기 좋은 나라이다.

한국과의 관계는 남북한 동시수교국이다. 한국과 1987년, 북한과는

벨리즈의 풍경

1991년에 수교하였다. 2001년도 한국과 교역은 1,190만 달러를 수입하였고, 986만 달러를 수출하였다.

버스는 정오 무렵 벨리즈의 옛 수도인 **"벨리즈 시티"**에 도착하였다. 도시가 깨끗한 호수를 끼고 형성되어 주변 빌딩들이 호수 속에 잠겨 있는 듯 아름다운 경관을 연출해 낸다.

시민들은 주로 흑인으로 구성되어 있으나 멕시코에서 본 흑인들보다 깔끔하고 세련된 모습이다.

1시간 정도 머물면서 호수를 배경으로 사진 몇 장을 촬영하고 민생고까지 해결한 후 다시 버스는 국경을 향해 달린다. 과테말라 출입국 관리소에 입국신고를 마친 버스는 얼마를 달리다가 어느 한적한 곳에 멈추고 반대편에서 오는 버스를 세운다. 양쪽 버스 기사끼리 무엇인가 흥정을 하더니 손님과 화물을 인수인계를 한다. 이렇게 하여 두 버스는 손님을 바꿔 태우고 왔던 길을 되돌아가고 있다.

플로레스의 호수

멕시코로부터 벨리즈를 거쳐 과테말라까지 도로를 따라 오다보면 그림 같은 초원이 끝없이 펼쳐져 골대만 세우면 훌륭한 축구장이 될 것만 같다.

버스는 야자수 정글과 목장을 스치며 오후 6시경 아름다운 호수의 도시 "플로레스"(Flores)에 도착하였다.

이곳도 연말연시 축제기간이라 많은 관광객들이 넘쳐나고 있다. 곳곳에서 축포 터지는 소리가 요란하게 밤하늘을 가르고, 길거리에서 불어대는 나팔소리는 환락의 밤을 예고하는 듯 하다.

열 여 덟 번 째 날

어제 밤 축제 분위기가 아침까지 이어져 공중에서 펑펑 터지는 소리가 총소리처럼 들려 이방인의 마음을 불안하게 만든다. 중미 국가들은 총기 소지자가 많아 여행자에 대한 치안 상태가 상당히 취약한 것으로 알려져 있다. 그렇기 때문에 가는 곳마다 항상 긴장을 늦추지 말고 주변 환경을 살피며 밤에 이동을 삼가하고 행인이 많이 다니는 큰길을 주로 이용해야 한다.

과테말라는 원시의 새처럼 긴 꼬리가 휘날리는 과테말라 국조 '께찰'처럼 늘 신비로운 국가이다.

아직도 분출되는 활화산과 밀림 속에 파묻힌 마야문명의 흔적들, 아띠뜰란 호수의 원시적 자연과 세계인이 모여드는 스페인어 학원도시 안띠구아, 한인 사회가 점점 커지고 있는 수도 과테말라 시티 등 지역마다 과거와 현재가 공존하는 중미의 첫 번째 국가이다.

여행자들에게 과테말라는 라틴아메리카 여행의 관문이 된다. 멕시코에 비해 인디오 비율이 많고, 아직도 곳곳에서 전통 시장이 열리는 과테말라의 분위기는 첫 라틴아메리카의 독특한 분위기를 한번에 체험할 수 있다.

1. 공식국명 : 과테말라 공화국

2. 수도 : 과테말라 시티

3. 시차 : 한국보다 15시간 늦다

4. 통화 : 화폐단위는 Quetzal 이며, 1 Quetzal은 100Centavos 이다

5. 주요언어 : 스페인어 (70%)

        서북부산악지방에 이주해 있는 인디오 원주민족은 각각의 부족어 (23종)를 사용하고 있다

6. 종교 : 카톨릭 70%, 개신교 30%

과테말라는 북쪽과 서쪽은 멕시코, 동쪽은 벨리즈, 남동쪽은 온두라스, 남서쪽은 엘살바도르와 국경을 접하고 있다. 1821년 에스파냐로부터 독립한 이래 미국 재정의 지배하에 있으며, 커피 재배로 국가경제를 유지하고 있다. 그러나 독재정치와 쿠데타가 반복되는 데다가 좌 ·

우 게릴라의 대결이 격렬하여 정
치적으로 불안정하다. 또한 높
은 인구증가율은 국가의 경제
발전에 큰 장애요인이 되고
있다.

티칼유적 (노스 아크로폴리스에서)

주민은 인디오적인 색채가 농
후하다. 산간호수와 수많은 화산이
스카이라인을 이루는 아름다운 경관의 나라
이며 마야 유적지를 자랑한다.

플로레스는 과테말라 최대의 마야유적지 '티칼'(Tical)로 가기 위한
중간 기착지이다. '뻬뗀 이싸' 호숫가에 있는 플로레스, 산따 엘레나,
산 베니또의 3개 도시가 플로레스를 중심으로 반경 1km 이내에 있는
하나의 도시와 마찬가지이다.

오늘 일정은 플로레스에서 60km 떨어져 정글 속에 숨어 있는 마야
유적지 티칼을 찾아가는 일이다. 산따 엘레나까지 걸어가는데 갑자기
쏟아지는 비를 맞으며 버스터미널에 도착하였다.

9시에 출발하는 티칼행 투어버스는 시내 호텔을 순회하면서 손님을
태우고 떠난다. 투어버스는 운행 중 도로변에 차를 세워놓고 요금을
받는데 내국인은 15쿼차, 외국인은 50쿼차를 받는다. 불쾌하였지만 과테
말라의 버스요금 체계가 그런 것을 이방인이 왜 차별 요금을 받느냐고
따져 묻기도 곤란했다.

"티칼 유적지"에 11시경 도착하여 안개비를 맞으며 석회석 길바
닥을 조심스럽게 밟아보지만 미끄러운 빙판길이다.

A.D 300~800년경 마야인들이 이곳에 인구 3만 명 이상이 거주하는 대도시를 건설하였다. 웅장한 건축물로 제1신전과 제2신전, 남과 북으로 아크로폴리스, 중앙은 광장이고, 외곽으로 많은 신전들이 산재해 있다.

500년경에는 떼오띠와칸의 영향을 받았으나, 떼오띠와칸이 쇠퇴해 버린 8세기에 오히려 티칼의 찬란한 황금시기를 맞았다. 지금 남아 있는 대신전도 모두 이 시기에 축조된 건축물들이다. 그러나 영화를 누렸던 티칼도 10세기에 접어들어 갑자기 쇠퇴하여 정글 속에 버려진 도시가 되었다.

이 유적지는 1696년 스페인 선교사 '아벤다뇨' 에 의해 발견되었다. 근래에 들어와 미국의 펜실베이니아 대학을 중심으로 발굴조사가 진행되면서 5개의 대신전을 비롯하여 크고 작은 피라미드나 궁전 등 많은 건축물이 복원되고 있다. 발굴작업이 진행되고 있는 티칼 외에도 뻬뗀 주변 정글 속에 아직도 여러 개의 마야 도시가 묻혀 있다고 한다.

'7호 신전' (Templo 7) 광장에서 남서쪽으로 400m 거리에 푸른 잔디가 예쁘게 자라고 있는 공간에 '잊혀진 세계' (Mundo Perdido)가 있다.

마야문명

과테말라 북동부와 유카탄 반도는 마야문명의 중심지였다.

특히 북부 페텐지방 티칼 (Tical)은 왕국의 제례가 행해진 곳으로 고고학상 중요하다.

이들 마야족은 체계적인 신성문자, 정밀한 태양력, 영(0)을 포함한 20진법, 세련된 조각, 건축, 회화 등 고도의 문명을 발달시켰다.

그러나 이 문명은 900년 이후 멕시코의 아스텍족 침입 등으로 쇠퇴하였다.

둘레 32m, 높이 80m의 피라미드가 있고 사면 계단에 각각 다른 모양의 조각이 부조되어 있다. 중앙에 거의 완벽하게 복원된 높이 30m의 정사각의 뿔형 피라미드가 있는데, 그 모양으로 보아 떼오띠와칸 건축의 영향을 받은 것으로 보인다. 주위에 38개의 건축물로 둘러싸여 있는 아름다운 공간으로 유명하다.

'1호 신전'(Templo 1)은 티칼의 5개 신전 중 높이가 4번째로 51m나 된다. 복원된 아름다운 건물 주위에 우거진 열대나무 숲보다 높이 솟아 있는 신전 피라미드의 자태가 그야말로 정글의 마천루라는 표현이 적당할 것 같다. 9개의 층으로 이루어진 피라미드 대좌에는 수평면 돌출부가 전체에 리듬감을 주며 상층부로 올라가면서 조금씩 좁아지고 있다. 신전에는 많은 부조의 흔적과 거대한 장식 지붕이 올려져 있고 이곳에서 발견된 부장품은 티칼 박물관에 보존되어 있다고 한다.

'2호 신전'은 1호 신전과 마주보고 있는 신전으로 높이가 38m로 5개 신전 중에 가장 낮다. 그러나 3층으로 이루어진 묵직한 대좌로 돌아가면 풍부한 부조 양식이 있는 경쾌한 장식 지붕으로 이어진다. 그 훌륭한 균형 감각은 티칼 유

티칼의 1호 신전

적의 극치를 자랑할 만 하
다.

'3호 신전'은 2호 신전
뒤쪽에 있으며 높이가
55m이고 810년경에 건축
되었다. 올라가는 계단이
복원되어 있지 않아 신전
입구까지 가는데 미끄러
워 힘이 들었다.

'4호 신전'은 대광장 서
쪽 끝에 높이 솟아 있는

티칼유적지 (노스 아크로폴리스)

75m의 가장 높은 건축물이다. 거대한 장식 지붕을 지탱하는 신전 벽
의 두께가 놀랍게도 12m나 된다. 흙과 수목으로 둘러싸여 있어서 사
용하기는 어렵지만 피라미드 북쪽의 흙과 돌과 덩굴식물로 된 자연계
단을 타고 올라갈 수 있었다. 작은 방이 있는 신전부의 북쪽에는 위로
올라가는 철제 사다리가 설치되어 장식 지붕 바로 아래까지 도달할 수
있다. 이곳에서 뻬뗀의 정글 속에 묻혀있는 티칼 전경이 자욱한 안개에
희미하게 보인다.

'5호 신전'은 남쪽 아크로폴리스 아래 동쪽에 57m 높이로 정글의
덩굴식물과 관목에 가려 피라미드의 정상 지붕을 지나칠 수도 있다.

정글 속에 잘 닦여진 길은 신전과 신전 사이를 찾아갈 수 있도록 안
내 표지판이 세워져 있어 많은 도움이 되었다. 또한 이곳에서 처음 만
난 '뻬소떼'라는 너구리같은 동물은 무리를 지어 뛰놀며 관광객을 만

나먼 에스코트하듯이 따라다닌다. 티칼 전성기에 건축한 약 16km의 공간에 3,000개 넘는 크고 작은 건물들이 지금도 남아있으나 이방인이 다 확인할 수는 없고 스쳐 지나갈 뿐이다.

　오후 3시까지 약 4시간 동안 계속 내리는 안개비를 맞으며 마야유적지를 둘러보고 다시 플로레스로 돌아왔다. 이곳에서 간단히 햄버거로 저녁식사를 대신하고 과테말라 시티로 떠나기 위하여 야간 버스를 타기로 했다. 타고 갈 2층 버스 요금은 260쿼차 (1달러에 7.8쿼차)로 굉장히 비싼 편이다.

　하루종일 관광에 지친 피곤한 몸을 이끌고 새우잠을 자는둥 마는둥 그래도 버스는 밤을 가르며 질주하고 있다.

열아홉번째날

안티과 시내 -소깔로 주변광장

　버스가 과테말라 시티에 아침 6시경 도착하여 잠시 휴식을 취할 사이도 없이 소형 미니버스로 갈아타고 1시간 정도를 더 달려서 고도인 '안티과' (Antigua)에 도착하였다.

　과 테 말 라 시 티 는 해 발 1,500m 고원에 위치한 인구 150만의 현대도시로 중미의

중심지이다. 현재 우리 교포도 비공식
적으로 약 3~4만 명 정도가 이곳에 거
주하고 있다.

　버스터미널에서 내려 가이드북에
소개된 산토 도밍고 (Santo Domingo)
호텔을 찾아 거리를 헤매지만 쉽게 눈
에 띄지 않았다. 안티과는 도시 미관
상 간판을 크게 내걸지 않기 때문이
다. 호텔 입구는 초라하지만 정문을

안티과 시내유적 (고성당)

들어서면 어느 곳이건 파란 잔디 정원과 분수까지 설치되어 있다. 몇
군데 숙소를 알아보다가 하루 밤 숙박료가 30퀘차로 저렴한 포사다 레
후지오 (Posada Refugio) 호텔에 숙소를 정하고 여장을 풀기로 했다.

　"안티과"는 해발 1,520m의 아름다운 산으로 둘러싸인 조용한 고
도로 스페인이 건설한 3번째 수도로 1543년에 건설되었다. 전성기에
는 중미 중에서도 가장 번화한 도시로 인구가 6만 명을 넘었다고 한다.
도시를 포근하게 둘러싸고 있는 주변에는 수 백도의 뜨거운 불길을 쏟
아내는 3개의 활화산과 고풍스러운 건물들이 들어서 있다.

　안티과는 멕시코 시티와 페루의 리마에 이어 신대륙 제3의 도시로
16~18세기 식민지시대 문화와 예술의 중심지였다. 그러나 1773년 대
지진으로 도시가 붕괴되어 수도 지위를 과테말라 시티에 내주게 되었
다. 아직도 지진으로 붕괴된 건물들이 당시의 상황을 말해주듯 사방에
널려져 있다.

　인구 3만의 작은 도시에 스페인어 학교가 50개 정도 있어 여행자들

이 안티과에 먼저 들러 스페니쉬를 익히고 남미로 떠나는 사람이 많다고 한다.

옛 수도이기는 하지만 충분히 걸어서 돌아볼 수 있는 도시로 신라의 천년 고도 경주를 연상케 하는 조용한 도시이기도 하다.

중앙공원 '플라자 데 아르마스'를 중심으로 도심은 바둑판처럼 잘 정비되어 있다. 1917년과 1978년 두 차례의 지진으로 붕괴되었던 것을 지금까지 복구하고 있는 건물들도 많이 보인다.

안티과에서 가장 아름다운 성당은 "라 메르세드 교회" (La Merced)로 5번 가 거리의 시계탑을 지나면 바로크 양식의 섬세함이 돋보이는 은은한 미색 교회를 볼 수 있다.

시내 여기저기에 산재되어 있는 유적지로 중앙공원 정면에 위치한 대성당 까떼드랄, 까뿌치나스 수도원, 산 프란시스코 교회, 무기 박물관, 민속 박물관, 십자가의 언덕, 미술관 등을 차례로 둘러보았다.

중미는 거리마다 경찰이 총을 메고 치안질서 유지와 범죄 예방을 위하여 검문검색을 하고 있다. 특히 정부 주요기관은 물론이고 공공건물과 일반 상가점포에도 경비를 세웠고

안티과 거리의 상징이 된 시계탑

모든 수송차량도 완전 무장한 경찰이 호송을 담당하고 있다. 이런 상황에서 혼자 여행하기는 긴장이 되고 불안한 마음이 가슴을 조여오곤 한다.

모든 상가마다 방범 창을 튼튼하게 해놓았다. 상가는 방범창 안에다 상품을 진열하고 손님은 상품을 만져보지 못하고 창 밖에서 눈으로만 보고 구입하는 모습이 퍽 이색적이다.

스무 번째 날

오후 1시에 출발하는 **"파카야 화산"** (Volcan de Pacaya) 현지투어를 예약하고 오전에 소깔로 광장 벤치에 앉아 한가로이 휴식 시간을 갖는다. 원주민 인디오 아낙네들이 가지고 나온 각종 액세서리와 화려한 수예품을 감상하며 시간을 보내고 있다. 작달막한 키에 원색의 화려한 전통복장을 차려입은 인디오 아낙들이 각종 토산품을 광주리에 담아 관광객을 상대로 행상을 한다.

안티과 시내에서 굴곡이 심한 비포장 산악 오솔길 도로를 따라 1시간 30분 가량 달려 '산 프란시스코' 라는 조그마한 산골 마을에 도착하였다. 활화산인 '볼칸 데 파카야' 로 가는 초입마을에 입산료 25퀘차를 지불하

토산품 행상 여인들

고 간식을 준비한 후 출발하였다.

갑자기 화산 활동이 시작되는 위험한 지역이기 때문에 현지 가이드가 선두그룹과 후미그룹을 인솔하고 올라간다. 산을 오르기가 힘든 사람은 50퀘차를 내면 말을 타고 산 중턱까지 갈 수도 있다.

중간에 아름다운 경치를 바라보며 올라가다 보면 멀리 과테말라 시티가 한 눈에 내려다 보인다.

2,552m의 정상을 향해 가는데 나무 한 그루 풀 한 포기도 없는 거친 화산 사질토 언덕길을 2시간 가량 올라간다.

화산 사질토는 발걸음을 옮길 때마다 계속 밀려내려 발이 푹푹 빠지므로 걷기가 무척 힘든 2시간의 고행길이다. 산등성이 이곳저곳에서 올라오는 연기가 바람에 날려 내 쪽으로 오면 매캐한 냄새가 나고 시야를 가리기도 한다.

정상에 오르니 분화구가 큰 입을 벌리고 뭉게 뭉게 연기를 뿜으며 이방인을 집어 삼킬 듯한 자세로 빨간 용암을 토해내는 모습이 정말 장관이었다. 이 광경을 보기 위하여 오후 1시 이후로 출발 시간을 늦추는 것이다.

저 멀리 3,763m 높이의 '볼칸 데 푸에고' 와 3,766m '볼칸 데 아구아' 의 만년설이 눈앞에 펼쳐지고 있다. 장엄한 신의 정원이 높은 하늘 아래서 춤추듯 세상을 내려다보고 있다.

파카야 화산 정상에는 관광객이 가져간 간식을 얻어 먹으며 살아가는 개떼들 10여 마리가 상주하고 있다. 아무 것도 없는 척박한 이 정상에서 야생 상태로 관광객의 간식에 의지하여 끈질긴 생명을 유지해 가는 개떼를 뒤로하고 하산 길을 재촉하였다.

해가 지면서 서서히 어둠이 깔리고 갑자기 추위가 엄습해온다. 하산 길은 미끄럼을 타듯이 내려오지만 올라갈 때보다 더 힘이 들었다. 서양인들은 체력이 좋아서인지 항상 선발대로 앞서 가고 우리는 그 뒤만 졸졸 따라다니고 있다.

과테말라 하면 안티과의 파카야 화산이 유명한 곳으로 많이 알려져 잔뜩 기대를 하였으나 명성에 비해 많은 아쉬움이 남는다.

입국시 비자가 필요하다. 한국주재 과테말라 대사관에 비자를 신청하면 2~3일 경과 후, 30일 비자가 나온다. 비자의 연장은 이민국에 사진 등을 제출하면 24시간 내에 30일 연장을 받을 수 있다.

PERFIL LONGITUDINAL CAMINO INCA
SALKANTAY
WARMIWAÑUSCCA
4,200 m.
RUNKURAQAY
3,710 m.
WAYLLABAMBA
PACAYMAYU
PHUYUPATAMARCA
3,580 m.
SAYACMARCA
3,575 m.
INTIPUNKU
LLACTAPATA
2,840 m.
QORIWAYRACHINA
2,498 m.
WIÑAYWAYNA
2,640 m.
MACHUPICCHU
6 Km.
1° DIA
12 Km.
2° DIA
11 Km.
3° DIA
9 Km.
4° DIA
LEYENDA
NEVADOS

폐 루

스물한번째날

오늘로서 중미 관광을 끝내고 남미의 페루로 떠나기 위하여 오전 11시 30분에 과테말라 시티로 향하는 콜렉티보에 올랐다. 버스로 '아우로라' 국제공항에 도착하여 출국수속 마치고 오후 3시 10분에 이륙한 항공기는 파나마를 잠시 경유하여 밤 8시에 리마를 향해 창공을 나른다.

리마의 시가지

오늘의 목적지 페루 수도인 리마에는 파나마를 이륙한지 3시간 30분 후인 밤 11시 30분에 '호르헤 차베스' 국제공항에 도착하였다. 1시간 정도 출국수속을 마치고 콜렉티보를 이용하여 1시간 정도를 달려 산 프란시스코 성당 옆에 있는 'Hostal Sanfrancisco' 에 새벽 2시 30분에 도착하였다. 침실은 5인용 도미토리로 숙박료는 1인당 6달러를 지불하였다.

"페루" (Peru)는 남미 대륙 서해안 중앙에 위치하고 적도 바로 밑에서부터 남위 18도에 걸쳐있는 나라로 면적이 128만 5천㎢로 남한의 약 13배 정도이다. 인구는 2,566만 명이고 공용어로 스페인어와 인디오의 케추아어를 사용한다. 에콰도르, 브라질, 칠레와 국경을 접하고 있으며 한국보다 시차가 14시간 정도 늦다.

예전에 남미 최대 제국을 건설했던 잉카를 포함하여 페루에는 기원

북쪽에서 내려오는 안데스 산맥이 길게 볼리비아와 칠레를 향해 남쪽으로 향하며 해발 4000미터에서 6000미터에 이르는 고지대 문화와 태평양 아따까마 사막으로 내려가며 황색과 푸른 바다가 경계선을 펼친다. 그리고 안데스 동편으로는 브라질로 이어지는 거대 아마존이 숨쉬는 곳이다.

사막, 고산, 밀림... 이렇게 수평적인 3대 거대 자연이 한 곳에 모인 곳이 바로 페루다.

남태평양에 면한 사막에는 한류와 난류가 겹치며 형성된 천혜의 해양 자원이 무궁무진하다. 황금을 비롯한 수많은 광물과 원유, 그리고 밀림 생태계 자연이 보존하는 동식물 약초 등 동부 아마존으로 내려가며 밀림에는 세계가 주목하는 친환경적인 자원이 넘쳐난다.

안데스에는 잉카문명을 비롯한 해발 3800미터의 티티카카 호수를 중심으로 원주민의 생활 터전이 된다. 이곳에는 알파카, 면 등 고급 섬유의 원산지가 되고, 독특한 인디오 문화가 낳은 다양한 공예품과 자연 산물이 존재한다.

페루는 아직 남미 국가들 중에서 경제적인 중요성이 미약한 듯하지만, 자연과 문화의 유산을 비롯한 현대 시장성과 개발 가능성에 있어서 남미의 다른 나라들에 절대 뒤지지 않은 남미의 주요국에 속한다.

1. 공식국명 : 페루 공화국

2. 수도 : 리마

3. 시차 : 한국보다 14시간 늦다

4. 통화 : 화폐단위는 NUEVO SOL 이며, 1솔은 100센티모스 이다

5. 주요언어 : 스페인어, 케츄아어

6. 종교 : 카톨릭 90% 이상

전부터 몇 개의 고대문명이 꽃피었다가 사라지곤 했다. 국토의 60%가 아마존의 열대 우림 지대로 아마존 강은 페루의 안데스를 발원으로 시작되어 남미의 모든 매력이 가미되어 있는 강이다.

잉카문명의 대명사 마추피추 유적과 세계에서 가장 높은 호수 티티카카호 등은 관광객을 유혹하는 페루의 가장 큰 매력이라 하겠다.

스물 두 번째 날

페루의 수도 **"리마"** (Lima)는 인구 약 706만으로 태평양에 면한 산 크리스토발 대지의 기슭에 자리잡고 있는 아름다운 옛 도시이다. 적도 부근 연안 사막지대에 위치하고 있으나 페루 해류의 영향을 받아 기온은 그다지 높은 편이 아니다.

1535년 스페인의 침략자 피사로에 의해서 건설된 도읍으로 현재는 식민지 문화와 근대 문화가 뒤섞인 복합적인 도시이자 남미로 들어가는 관문의 하나로 중요한 역할을 하고 있다.

아침 7시경 리마의 구시가지 '센트로' (Centro)의 **"아르마스 광장"** (Plaza de

리마의 해변

아르마스 광장 - 피사로 동상

아르마스 광장 - 대성당

아르마스 광장 - 대통령궁

Armas) 주변을 산책하며 은행(Banco)이나, 개인 환전소인 캄비오(Cambio) 문이 열리기를 기다렸다가 100달러를 환전하였다. 페루의 화폐단위는 '솔'(Sol)로 표기하고 1달러에 3.44솔이며 1솔이 400원에 해당된다.

도로는 거의 바둑판의 눈금처럼 잘 정비되어 있다. 특히 남미 대부분의 도시는 중심에 아르마스 광장을 두고 있다. 1535년 수도를 쿠스코에서 리마로 옮긴 프란시스코 피사로는 아르마스 광장을 중심으로 도시를 건설하였다.

광장 중앙에 분수대와 피사로 동상이 서있고 정면 맞은 편에 대성당이 자리하고 북쪽에는 대통령 관저가 있어 위병들이 많이 보인다.

대성당은 페루에서 가장 오래된 성당으로 건물 자체가 훌륭하기도 하지만 정복자 피사로가 직접 건축한 페루의 침략의 역사가 담겨 있는 귀중한 역사적 의미를 지닌 성당이다. 또한 '피사로의 유체'라고 하는 미라가 대성당 유리관에 안치되어 있는 것으로도 유명하다.

광장에서 2블록 거리에 리마에서 가장 오래된 수도원으로 바로크 양식의 산프란시스코 교회가 있다. 지하에는 로마의 카타콤베를 연상케 하는 지하무덤에 많은 유골들이 보존되어 있다.

오후에는 **"보리마루 광장"** 주변의 식민지 시대의 건축물과 동상을 보면서 방향을 바꾸어 "산마르틴 광장"을 거쳐 동남쪽으로 이동하며 **"구라우 광장"**까지 걸었다. 양쪽 도로변에는 고층 빌딩이 즐비하고 그 중에는 쉐라톤 호텔과 예술성이 뛰어난 대법원 건물도 보인다. 도로 중앙은 널찍한 공원으로 꾸며져 분수대와 많은 동상들이 서 있고 오가는 시민들이 휴식할 수 있도록 벤치도 설치되어 있다.

이곳에서 조금 떨어진 재래시장은 도깨비시장이라 부르며 우리나라의 남대문 시장처럼 많은 인파로 혼잡하였다. 날씨가 너무 더워 온 몸이 땀으로 범벅되어 심한 탈수로 갈증을 느껴 포장마차에서 파인애플 주스를 연거푸 몇 잔 마셨다.

센트로에서 콜렉티보로 30분 정도의 거리인 해안 주변의 고급 주택지 안에 또 하나의 번화가인 신도시 **"미라폴레스"**(Miraflores) 지구로 향한다. 신시가지 중심 광장에 도착하니 구시가지 센트로와는 분위기가 사뭇 다르다.

광장에는 화가들의 그림을 전시 판매하고 있었고, 그림을 구경하고 있는 외국인 관광객이 많이 눈에 띄었다. 나 역시 잉카인의 추상적 모습을 묘사한 1호 크기의 유화를 한 점 구입했다.

이곳 광장에서 해변으로 이어지는 **"호세 파르도"** 거리 입구에 황금사자가 버티고 서있다. 도로의 중앙은 인도로 아름다운 꽃과 나무들이 일정한 간격으로 서있어 시민들의 휴식 공간으로 이용되고 있다. 광장에서 도보로 20분 거리에 도로가 끝나는 지점이 있고, 해양공원이 펼쳐진다. 끝없이 펼쳐진 태평양을 한눈에 바라볼 수 있는 좋은 위치였다.

백사장에서 일광욕을 하는 사람, 밀려드는 파도를 타면서 윈드서핑을 즐기는 사람들로 넘쳐나고 있다. 해안 주변에는 위락시설과 고급 레스토랑이 곳곳에 있고 신선한 해산물을 중심으로 페루의 값비싼 요리도 맛볼 수 있다. 리마의 선남선녀들이 해변의 풍광을 배경으로 사랑을 속삭이며 포옹하고 키스하는 모습도 여기저기 보인다. 중남미 주요 도시 광장마다 젊은이들로 넘쳐나고 아가씨들의 대담한 배꼽티 옷차림이 색다른 볼거리를 제공해 주고 있다.

스물세번째날

짧은 일정으로 리마 관광을 끝내고 새벽 3시에 출발하는 나스카 (Nazca)행 콜렉티보에 오른다. 그동안 무리한 여행일정으로 심신이 많이 지쳐 있어 야간버스를 이용하여 지역을 이동한다는 것이 정말 고행이다. 좌석이 불편하여 눈 붙이기도 힘들어 차창 밖을 내다보니 기사가 졸면서 운전을 하는지 중앙선을 넘나들어 불안하기만 하다. 잔뜩 긴장이 된다. 큰소리로 승객들을 깨우며 버스를 중간에 멈추게 하고 잠시 휴식시간을 갖고 다시 출발하였다.

아침 6시경에 리마 남쪽 325km 지점인 이카 (Ica)를 지나며 해안사

후악까시아 오아시스

막 **"후악까시아"** 라는 오아시스에 멈추었다. 이카는 판 아메리칸 고속도로를 따라 끝없이 이어지는 황량한 사막 한가운데 있는 오아시스 도시다. 약 15만 명의 인구가 이카강의 물을 이용하여 재배하는 포도와 와인의 산지로 유명하다. 사막의 분지에 풀장 같은 오아시스를 울창한 야자수가 둘러싸고 있어 주변환경과 아름다움이 조화를 이루어 사진 찍기에 좋은 배경이다. 사방이 온통 모래언덕으로 둘러 싸여 있는 전형적인 오아시스의 모습을 보여준다.

오아시스를 한 바퀴 돌면서 아름다운 풍광을 즐기며 잠시 휴식을 취한 후 다시 나스카로 향했다. 이카에서 나스카에 도착할 때까지 벌거숭이 민둥산자락은 끝없이 펼쳐지고 도로변 야자수와 주택이 황토먼지를 둘러쓰고 있어 모두가 누렇게 보일 뿐이다.

사막의 험준한 계곡 사이로 꼬불꼬불한 좁은 도로를 따라 콜렉티보는 지그재그로 서행하며 리마를 출발지 8시간만에 나스카에 도착하였다.

페루 남부 지방의 사막지대인 "나스카 평원"을 하늘에서 내려다 보면 거대한 그림이 펼쳐진다기에 날밤을 새워가며 찾아왔다. 나스카는 리마에서 444km 떨어진 곳으로 표고 620m의 건조하고 척박한 대지 위에 인구 3만 명이 살고 있는 조그마한 도시이다.

1500~1200년 전에 만들어진 것으로 추정되는 그림들이 있다. 직선·삼각형의 도형과 동물, 물고기, 곤충, 식물 등의 그림은 300m이상의 공중에서 보지 않으면 알 수 없을 정도의 거대한 크기도 있다. 개개의 그림들이 작은 것은 10m정도로부터 큰 것은 300m에 이르기까지 200여 개의 그림이 정교하게 그려진데 놀라지 않을 수 없다. 그림이 그려진 면적이 자그마치 500㎢에 이르고 있다. 평지만이 아니라 바닥이 드러난 하천 가운데나 깊은 계곡의 굴곡과 바위에 관계없이 정밀하게 그려져 있다.

도대체 이 그림들을 어떤 의미로 이 황량한 사막 위에 그려 놓았는지 수수께끼 같은 궁금증이 풀리지 않는다.

여러 가설 중 우주인설·하늘을 나는 사람·성좌를 나타내는 설 등이 있다. 자신의 일생을 나스카 연구에 바친 독일의 지리학자이자 수

경비행기에서 본 나스카 라인 지상도 (벌새)

학자인 '마리아 라이헤' 여사를 비롯
한 여러 학자들은 이것이 거대한 천
문력이라고 주장한다. 하지만 그림
의 문양들을 컴퓨터로 천체와의 상관
관계를 조사해 본 결과 별다른 연관성을
찾지 못했다고 한다.

　대기실 텔레비전 모니터로 '나스카 라인'을 경비행기에 오르기 전
에 먼저 확인하고 45달러를 지불하고 티켓을 끊었다. 경비행기를 타고
30분 동안 상공을 나르며 그림 하나 하나를 확인해 보지만 감이 잡히
지 않는 그림이 많았다.

　조종사가 기체를 좌우로 기울여 그림에 가깝게 접근하여 사진 촬영
을 돕지만 거리 조정이 잘 안되어 흔들리고 희미하다. 기체가 상하좌
우로 너무 심하게 흔들려 멀미가 나고 식은 땀이 흐르며 어지러움증이
생겨 빨리 착륙하기를 기다려야 했다. 경비행기에서 내려서도 한동안
정신을 차리기가 어려워 상쾌한 기분으로 전환하기까지는 다소 시간
이 걸렸다.

　일반적으로 나스카는 지상 그림만 알려져 있지만 아름다운 토기나
직물로도 유명한 곳이다. 그러나 나는 20일부터 3박 4일간의 잉카 트
레킹이 예약되어 있어 쿠스코로 빨리 가야 했다. 나스카에서 쿠스코까지
는 리마를 경유하여 버스로 가는데 무려 27시간이 소요되고 도로와 치
안 상태가 좋지 않다고 하여 아쉬움을 뒤로 한 채 떠날 채비를 서둘렀다.

　나스카에서 오후 4시 출발하는 '아레키파' (Arequipa)행 2층 버스로
10시간 정도를 달려 다음 날 새벽 2시경에 도착하였다. 아레키파가 잠

들어 있는 시간이라 버스터미널 대합실에서 날밤을 새우려니 한심한 생각이 들었다. 알아보니 터미널 대합실 건물은 2, 3층을 호스텔로 사용하고 있었다. 손님이 없는 날은 터미널 주변 노숙자들의 합숙소로 사용되고 있어 실내 환경과 침대시트가 더러워 눈살을 찌푸리게 했다. 하지만 야심한 이 시간에 오갈 곳도 없는 이방인인 나는 그 곳에서 하룻밤을 지내야 했다.

"아레키파"(Arequipa)는 "이곳에서 살거라"라는 '아리 케파이'(Ari Quepay)의 어원을 담고 있다. 말 그대로 이곳에 살고 싶은 곳으로 해발 2,380m 정상의 아름다운 도시이다. 리마에서 1,030km 떨어진 페루 제2의 도시로 인구는 90만 명이 살고 있다. 아름다운 설산이 마치 병풍처럼 도시를 감싸고 있어 아늑한 느낌이 든다. 시간적 여유가 있다면 이곳에서 적응훈련을 하면서 쿠스코로 입성한다면 고산증 쯤이야 걱정하지 않아도 되겠지만 경유하는 것으로 만족해야 했다.

스물 네번째날

오늘부터 강언 선생과 나는 지금까지 여행을 같이했던 일행들로부터 독립하여 잉카투어 길에 오른다. 터미널 호스텔에서 꿈같은 4시간의 숙면을 취하고 아침 일찍 기상하자마자 세수할 시간도 없이 택시를 타고 공항으로 내달린다. 8시 55분에 쿠스코로 출발하는 LP 901편 트랩에 오르기 전 활주로에 세워둔 비행기와 공항을 감싸고 있는 설산을 배경으로 멋진 사진 한 커트를 찍었다.

비행기는 만년설로 뒤덮인 안데스 고봉들 절경을 보여주며 약 50분 동안 비행한 끝에 쿠스코에 착륙하였다.

공항에서 시내까지는 20분 거리로 시내 입구에 들어서자 두 팔을 벌린 '잉카인의 동상'이 이방인을 반갑게 환영하듯 서있다.

쿠스코의 야크

"쿠스코"(Cuzco)는 태양신을 숭배했던 잉카제국의 옛 수도로 배낭 여행자로부터 각광 받는 최대 관광지이다. 해발 3,360m 안데스산맥 위에 자리 잡은 쿠스코는 페루 원주민 말로 '배꼽'이라는 뜻으로 세계의 중심을 의미하고 있다.

유스 호스텔에 여장을 풀고 내일부터 시작되는 잉카투어를 계약하고 170달러를 지불하였다. 오랫만에 한국인 교포 남승학씨가 운영하는 아리랑식당에서 된장찌개로 포식을 하고 오후 2시부터 시작되는 시티투어를 예약하였다.

시티투어 참가자는 14명으로 그중 12명이 서양인이고 강선생과 내가 유일한 동양인이다. 가이드가 스페인어로 설명하기 때문에 알아듣지는 못하고 시각

쿠스코의 시내 전경

적인 감상을 하고 사진이나 찍을 수밖에 없었다. 그러나 분명한 것은 중미의 마야문명보다는 남미의 잉카문명이 훨씬더 섬세하고 정교해 보인다는 것이었다.

쿠스코 대성당에 걸려있는 성화는 러시아의 이삭성당이나 로마의 바티칸성당이 소장한 명화 못지 않게 내 시선을 오랫 동안 사로잡는다.

도시 중심에 위치한 광장 '아르마스 프라자' 주변은 쇼핑몰, 레스토랑, 대성당 등 구경거리가 모여 있는 중심지이다. 광장을 둘러싸고 있는 높은 언덕에는 한국의 정취를 물씬 풍기는 듯한 붉은 벽돌 기와집이 끝없이 펼쳐져 장관을 이루고 있다. 밤이면 분수대와 대성당 건물에서 밝힌 아름다운 조명 빛이 평화롭고 은은한 신비의 세계를 연출하여 운치가 있다.

'면도날 하나도 통하지 않는다'고 많이 알려진 잉카인의 석재 기술은 불가사의한 일로 감탄사가 절로 나온다. 아르마스 광장에서 대성당을 끼고 우측으로 좁은 길을 따라 100m 정도를 걸어가면 정교한 석벽으로 둘러싸인 잉카시대의 길 '아툰 루미요쿠' 거리가 나온다.

쿠스코 아르마스 대성당

아르마스 광장

석벽 중에는 '12각의 돌'이 유명하다. 12면이나 되는 돌을 한 치의 오차도 없이 정교하게 다듬어 빈틈이 없이 쌓아 올렸다. 스페인 침략자들은 잉카의 신전 상부만 파괴하고 잉카가

잉카시대의 석벽 12각 돌

쌓은 튼튼한 초석 위에 콜로니얼 풍의 성당을 차례로 건설했다.

침략자들은 와이나카팟쿠 궁전 터 위에는 '라콤파냐 헤수스 교회', 태양 처녀의 집에는 '산타 카타리나 사원', 비라코챠 신전 터에 '대성당'을 건립했다.

1650년, 1950년, 1986년 쿠스코를 강타한 대 지진으로 스페인 침략자가 건설한 교회는 대부분 파괴되었으나 잉카의 돌 구조물들은 손상되지 않고 지금까지도 건재함을 과시한다.

산토도밍고 교회는 잉카제국의 정치, 종교의 중심지로 황금의 집 '코리칸챠'라는 태양의 신전 자리에 건축되었다. 한 장의 무게가 2kg, 20cm이상의 금띠 700여장이 석벽에 붙어 있고 지붕도 금으로 덮여 있다. 태양신이 내려와 물을 마셨다는 우물에는 금으로 만든 돌이 깔려 있었고 밭에는 금 옥수수가 심어져 있었다. 금으로 만든 태양의 제단에는 태양신이 빛나고 있었다고 전해지고 있다.

투어버스는 '펄럭이는 독수리 날개'라는 뜻을 가진 사크사이와만

쿠스코의 유적 (사크사이와만)

(Sacsayhuaman)으로 향했다. 쿠스코 동쪽 언덕에 위치한 요새 유적으로 길이가 360m에 22회의 지그재그를 가진 3층 구조 석벽이다.

잉카 9대 파차쿠치왕 때 하루 3만 명을 동원하여 80년에 걸쳐 축조하였다고 한다. 잉카의 특징인 정교한 석조 기술이 여실히 드러나고 있는, 9m×5m×4m 크기에 360톤이나 된다는 거석은 철기문화와 바퀴문화 및 문자가 없었던 잉카에서 어떻게 운반하고 축조하였는지 놀라울 뿐이다.

성벽 위에 올라서면 쿠스코의 시가지가 내려다보인다. 잉카인의 세계관은 우주를 크게 하늘, 지상, 지하로 구분하고 각각 콘도루, 퓨마, 뱀으로 상징하였다고 한다. 지구의 중심인 쿠스코를 퓨마로 비유하고 사크사이와만은 그 머리에 해당되기 때문에 지형적으로 쿠스코의 현관 역할을 한 것으로 보이며 유적 뒤쪽에 있는 커다란 자연석 지하로부터 쿠스코 중심 대성당에 이르는 미로 같은 지하도가 연결돼 있다고 한다.

이곳에서 매년 6월 24일 '태양축제'(Inti Raimi)가 열려 잉카시대의 의식을 재현한다. 이 행사는 브라질 리마의 카니발, 볼리비아의 오르로와 함께 남미 3대 축제로 알려져 있다. 석벽 전면 넓은 잔디밭에 관광객이 여기저기 무리를 지어 기념사진 찍기에 바쁜 모습이다.

시티투어 중간에 관광버스는 쇼핑 상점을 방문하여 각종 민예품 구입을 권장하나 물건값이 비싼 편이다. 잉카 후예들이 야크털로 실을 꼬아 만든 알카파 티셔츠, 지갑, 장식품 등에 각종 문양을 화려하게 수를 놓은 것들이 진열되어 있다. 페루는 전통적으로 자기 문화보다는 도기 문화가 발달되어 원색을 이용하여 잉카를 나타내는 독특한 그림을 도기에 표현하고 있다. 이곳에 진열된 민예품은 아르마스 광장 주변의 노점상에서 잘만 흥정하면 의외로 싸게 구입할 수 있다.

저녁 7시가 넘어서 시티투어 버스가 쿠스코 시내로 돌아와 각자가 묵고 있는 호텔까지 데려다 주고 갔다. 한 낮에 그렇게 무덥던 날씨가 밤이 되면서 제법 싸늘한 한기가 느껴져 몸이 움츠려진다.

강선생은 갑자기 심장이 불규칙하게 뛰어 가슴이 답답하고 어

잉카의 전통 문양

  지금으로부터 약 3000년 전에 북부 안데스의 산악지역, 현재의 우아라스 부근에 챠빈 문화가 발생하였고 그때까지 수렵과 어로로 생활을 영위하던 페루 전역으로 순식간에 퍼졌다.

  그 후 챠빈 문화를 기초로 하여 모티카~나스카~티무라는 문화 이행을 각지에서 보았다. 11세기 말 중부 안데스 지역에 잉카족이 모습을 나타냈고 새로운 문화의 꽃을 피웠다. 당시에는 한 부족에 불과했던 그들이지만 12세기 초반 무렵에는 에콰도르 · 볼리비아 · 칠레에 걸쳐 약 5,000km에 이르는 대제국을 형성하고 수도 쿠스코를 중심으로 번영했다.

  그러나 판도가 너무 큰 것이 원인이었는지 1532년에 신대륙을 찾아서 건너온 스페인 사람 ‘프란시스코 피사로’의 간계에 속아서 잉카 황제 아타와르파는 카하마르카에서 붙잡혀 이용된 끝에 처형되어 400여 년에 걸친 잉카 문명이 막을 내렸다.

  그 후 19세기 초반까지 페루는 스페인의 식민지로서 압정의 시달림을 받았다. 19세기 초반 남미의 각 식민지 나라에 독립의 기운이 높아졌고 1821년에는 독립지도자 ‘산마르틴’ 장군이 이끄는 독립파가 스페인 왕당파를 격파하여 페루 공화국으로서 독립하여 재출발하였다.

  1968년의 혁명으로 인해 군사정권이 시작되었는데 주간 산업의 국유화와 농지개혁 등을 단행했다. 성급한 개혁은 한편 폐해를 유발시켰고 1980년 총선거로 다시 민정이 되었다.

지럽다고 하며 잉카 트레킹을 포기하겠다고 한다. 팀에서 독립해 쿠스코까지 먼저와 잉카 트레킹 준비가 완료된 상태라 나는 난감하기만 했다. 나 역시 강선생과 정도 차이는 있지만 약간의 두통을 느끼고 있었다.

  쿠스코는 해발 3,360m로 안데스산맥에 자리하고 있어 우리에게 산소 부족으로 인한 고산 증세가 나타난 것 같다. 그러나 나는 그동안 해발 6,000m 정도 고지대 여행을 몇 차례에 다녀온 경험이 있어 크게 걱정을 하지 않았다.

그런데 강선생이 트레킹을 포기한 후의 여행 일정히 걱정되어 쉽게 잠을 이루지 못하였다.

스물다섯번째날

지난 밤 자는둥 마는둥 잠을 설치다 새벽 5시에 일어나 더운물로 샤워를 하고 나니 아팠던 머리도 개운해졌다. 내가 새벽부터 일어나 서두르는 모습을 보고 강선생이 다시 결심했다며 트레킹을 따라 나서겠다고 한다. 그러나 강선생은 지난 밤에 숨이 차서 잠을 제대로 이루지 못했는지 얼굴이 퉁퉁 부어 있었다. 나는 걱정스러운 마음으로 강선생에게 건강을 위해서 다시 한번 생각해보라고 조심스럽게 말하였지만 듣는 채도 않고 샤워장으로 가버렸다. 본인이 가겠다는데 어찌할 도리는 없으나 그 상태로 따라 나선다면 나에게도 많은 제약이 따를 것 같아 조금은 걱정이 되면서도 일행이 있다는 것이 든든하기도 했다.

잉카 유적지

작은 배낭 하나만 걸쳐 메고 3박 4일 동안의 잉카트레킹 여정에 나섰다. '산 아우구스틴' 호텔 앞에 대기 중인 잉카트레킹용 투어버스에는 함께 떠날 트레커들이 타고 있었다.

이번 잉카트레킹을 같이할 트레커는 14명이며, 국가별로는 미국, 영국, 프랑스, 이탈리아, 아르헨티나, 호주, 한국 등이다. 보조 인원은 가이드 2명, 포터 및 푸드포터가 14명으로 전체 규모가 30명으로 구성되었다.

모두가 긴장된 모습으로 오전 7시에 '우루밤바' (Urubamba)를 향해서 출발하였다. 쿠스코에서 우루밤바까지는 82km 거리에 있으며 약 2시간 정도가 소요된다. 투어버스는 도중에 타이어가 터져 30분 정도 교체작업을 하고 2시간 30분만에 우루밤바에 도착하였다.

가이드는 아침식사를 못한 사람은 이곳에서 식사나 간식을 하며 잠시 휴식을 하란다. 트레커들은 코카 잎이 고소증에 효과가 있다며 구입해서 뜨거운 물에 타서 마시거나 입 안에 넣고 씹기도 한다. 여기서부터 버스는 마을의 좁은 골목길로 접어들어 약 6km 정도를 더 올라가 '올란타이탐보' (Ollantaytambo) 종점에 도착했다.

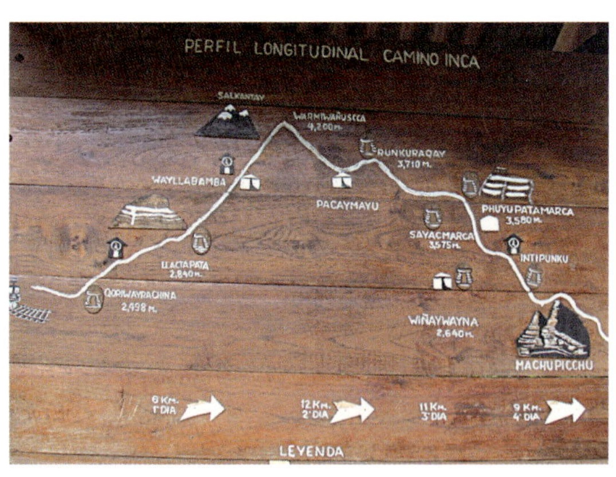

잉카투어 안내도

잉카트레킹은 옛날의 파발꾼 '차

스키'가 달리던 잉카의 길 (Camino del Inca)을 따라 3박 4일 정도 캠핑을 하면서 산길을 걸어간 후 마지막 날 새벽 마추피추 위로 솟아오르는 일출을 보며 유적으로 들어서는 투어를 말한다.

잉카트레킹 관리사무소에 체크인을 하고 작은 마을을 지나 출렁다리인 "Happy Bridge"를 건너면서 트레킹 도전이 시작되었다. 올란타이탐보를 지나면서 우루밤바 강은 협곡으로 바뀌고 회색 강물은 바위에 부딪히면서 흰 거품을 날리며 급하게 흐르고 있다. 끝없이 이어지는 견고한 잉카의 길을 따라 안데스 요충지마다 성을 쌓았던 유적지를 둘러보며 가고 있다.

비는 오락가락 안개와 구름이 한 순간 시야를 가리며 지나간다. 오후 5시가 되어서야 해발 3,000m 고지인 **"와야밤바"**에 도착하여 하루밤 몸을 의지할 보금자리인 텐트를 치고 있다.

강선생이 일행 중 제일 연장자로 고소의 고통을 참고 첫날의 일정을 성공적으로 마무리 해주어 고마웠다.

저녁식사는 안데스 계곡에서 잡은 생선요리 튀김으로 해결하고 내일을 위한 에너지 재충전에 들었다.

스물여섯번째날

잉카트레킹 2일째 되는 날이다. 5시에 기상하여 6시에 토스트와 차 한 잔으로 아침식사를 간단히 해결하였다. 출발 전부터 하염없이 내리는 비를 원망하면서도 계획된 일정은 취소할 수 없기 때문에 비옷으로

잉카의 유적지

무장하고 7시경 와야밤바를 떠나 다음 목적지인 **"파카마요"**로 향한다.

오늘만 무난히 넘기면 잉카트레킹은 성공적이라는데 돌계단 난코스가 계속 이어져 안데스에 오르기가 무척 힘이 들었다. 오늘도 쿠스코의 여러 여행사를 통하여 트레킹에 참가한 인원이 150여명 정도 되어 보인다.

일행 중 어제 앞서갔던 친구가 오늘은 뒤로 처지며 고산증으로 숨을 헐떡이고 가다 쉬기를 반복하며 돌계단을 힘겹게 오른다. 그러나 강선생은 배낭을 포터에게 넘기고 가벼운 차림으로 스틱 하나만 짚고 생각보다 잘 따라온다.

돌계단에 걸터앉아 푸드포터가 마련해준 간식으로 허기와 갈증을 달래며 잠시 휴식을 취한다. 땀을 뻘뻘 흘리며 고소와 변화 무쌍한 날씨에 힘들어하는 트레커들의 부어오른 얼굴 표정이 보기에 안타깝다.

안데스를 삶의 터전으로 수 천년동안 살아온 잉카족은 태어날 때부터 체질적으로 강하게 태어나 고산증세를 느끼지 못하고 살아간다. 그러나 전설의 제국 잉카의 흔적을 찾아가는 트레커의 여정은 고산병을 어떻게 극복하느냐가 관건이었다.

힘들기는 하지만 웅장하고 아름다운 만년설을 이고 있는 안데스산맥 연봉의 파노라마를 바라보노라면 다소나마 위안이 되어 힘이 솟구친다. 이렇게 가다 쉬기를 반복하며 계단을 얼마쯤 오르니 잉카트레킹의 정상 4,215m의 **"와르미와누스까"**(Warmiwanusca)에 도착하게 되었다.

정상에 오른 강선생은 나를 덥석 껴안으며 떨리는 음성으로 "드디어 나도 해냈어! 해냈어!" 하고, 어린애처럼 좋아하며 정상을 빙빙 돌았다.

강한 바람과 함께 진눈깨비로 비닐우의는 있으나마나 손이 얼어붙어 오래 머물러 있을 수가 없었다. 정상에 세워진 표석 앞에서 어렵게 사진 몇 장을 찍고 사방을 둘러보았지만 한 치 앞이 보이지 않는다. 생사의 고통을 극복하고 올라온 수고의 대가가 너무 아쉽고 허탈하다는 생각이 들었다.

안데스를 관장하는 잉카의 태양신이 이방인에게는 쉽게 얼굴을 드러내지 않아 발길을 돌릴 수밖에 없었다. 정상부터 오늘의 캠핑장인 "파카마요"(Pacaymayo)까지는 약 40분 동안 돌계단을 계속 내려와야 했다.

목적지에 도착하여 텐트를 치고 안락한 보금자리를 마련하였다. 이곳 파카마요도 3,700m의 고지대로 밤이 되면서 한파가 몰려온 듯 추워 최대한 옷을 많이 껴입고 잠자리에 들었다.

너무 피곤해서 저녁식사를 하라고 푸드포터가 몇 차례 다녀갔

와르미와누스까 정상에서

안데스의 만년설

지만 그대로 6시에 잠자리에 들었다. 아직도 고소 적응이 덜되어 머리가 아프고 숨소리가 고르지 않아 엎치락뒤치락 하는데 세찬 빗줄기가 내리면서 텐트를 때리는 소리로 깊은 잠을 이루지 못한다. 혹시 갑자기 불어난 홍수가 텐트촌을 휩쓸고 가지 않을까 하는 과대망상으로 초조하고 불안한 마음이 수없이 교차되기도 하였다.

스물일곱번째날

잉카트레킹 3일째 되는 날로 아침 8시에 출발하여 어제 하산 길에 내려왔던 돌계단을 다시 오른다. 3,800m 고지 위에 **"룬쿠라게이 유적지"**를 지나며 저 멀리 구름 사이로 숨바꼭질하듯 빼꼼히 얼굴을 내민 안데스산맥의 고봉들이 만년설을 이고 있는 모습이 장관이다.

완만한 계단을 오르내리며 "샤크마르카 (3,580m) 유적지"를
지나서 다시 조금 오르면 "퓨우파타르카 (3,640m) 유적지"가 나
온다.

잉카인들이 이렇게 주요 요충지마다 적의 공격을 막기 위하여 높은
성벽을 쌓아 대비하였던 성곽이 지금까지 잘 보존되어 있다. 지대가
높아 안개, 비구름으로 유적지와 안데스 연봉들을 마음껏 볼 수 없어
아쉽기는 하였지만 그래도 숙연한 마음으로 잉카의 길을 재현하듯이
걸었다.

잉카트레킹의 마지막 캠핑장인 "위냐와이나" (Winaywayna :
2,650m)에 도착하였다. 이곳 캠핑장은 샤워시설을 갖추고 있는데 1인
당 5솔레스를 카운터에 지불하고 표를 사야 이용할 수 있다. 오랜만에
더운물로 샤워를 끝내고 꾸스케냐 맥주로 피로를 씻어내며 내일의 마
추피추 입성을 준비하기 위한 충분한 휴식을 갖는다.

잉카트레킹의 마지막 밤이라고 만찬도 닭다리 훈제, 양고기 꼬치,
이름도 모르는 요리들, 과일 등 푸짐한 음식이 차려졌다. 와인도 몇 병

이 나와 모두 컵에다 한 잔 가득 채워 들고 건배를 하는데 'New Year's Day by the lunar calendar in korea' 라고 선창을 하니 자리를 같이한 외국인 친구 모두 따라서 합창한다. 정말 감격적인 순간이다. 나는 그들에게 'Thank you' 로 답하고 친구들은 순서대로 내 볼에다 입을 맞추며 포옹하고 다시 한 번 신년을 축하해 주었다.

그리고 한 친구가 모자를 벗어들고 그동안 우리를 위해서 노고를 아끼지 않았던 가이드와 포터 14명에게 팁을 주자고 제의를 하여 각자 성의를 표하였다. 모아진 성의금을 전달하며 감사의 마음까지 전했다.

그동안 잉카트레킹에 참가했던 젊은 친구들은 아직도 힘이 남아 있는지 대미를 장식하는 무도장에서 술 마시고 노래하며 춤을 추는 광란의 밤을 즐기고 있다. 나는 내일 마추피추까지 가려면 무리하면 안 될 것 같아 일찍 잠자리에 들었다.

가이드가 깨워 억지로 눈을 떠보니 안데스도 고요히 잠들어 있는 새벽 4시로 사방이 암흑천지이다. 오늘도 밖에 끊임없이 내리는 비를 원망하면서 따끈한 차 한 잔으로 지친 몸과 마음을 추스리고 떠날 준비를 한다.

배낭을 꾸려 우의를 걸치고 5시경 손전등을 밝히며 빗길을 찾아 나선다. 3박 4일의 잉카트레킹의 최종 목적지 마추피추까지 입성하는데 약 2시간 정도가 소요된다. 하산 길을 재촉하여 5km 지점인 '인티푼

쿠' (Intipunku : 태양의 문)에 도
착하여 일출과 함께 마추피추의
장관을 보려고 서둘러 새벽길을
내려왔으나 보이는 것은 구름바
다뿐이다. 너무 기대가 컸던 만큼
실망도 커 허탈감마저 들었다.

"마추피추" (Machu Pichu :
늙은 봉우리)는 쿠스코에서 우루
밤바 강을 따라서 114km 내려간
지점에서 400m 올라간 곳인 표고
2,280m의 산정에 있다. 주위에는
높이 솟아 있는 산들과 절벽, 우루
밤바 강 유역은 열대우림이 무성
한 정글로 아래에서는 볼 수 없고
공중에서만 존재를 확인할 수 있
다는 점에서 '공중도시' 라고 부
르고 있다. 마추피추 총면적은 5
㎢이며 절반 가량이 경사면이다.

마추피추 축대

마추피추 유적

유적 주위는 높이 5m, 두께 1.8m의 성벽으로 견고하게 만든 요새 형식
이다.

스페인은 정복 후 쿠스코 및 다른 도시를 모조리 파괴하여 잉카의
건축양식을 재현하기 어렵게 만들었다. 그러나 마추피추는 잉카시대
의 잃어버린 과거가 손닿지 않은 채로 남아있는 귀중한 유적이다.

잉카인들은 스페인의 침략자들을 피해, 또는 복수의 작전을 연마하기 위하여 이곳에 도시를 만들었다.

비르카밤바에 관한 옛날 기록인 '대단히 높은 산꼭대기에 있고, 정교한 기술로 건축된 장대한 건물들이 솟아 있다' 에 힌트를 얻은 미국의 역사학자 '하이람 빙검' 이 1911년 7월에 풀숲에 가려 400년 이상 잠들어 있는 마추피추를 깨워 세상에 알려지게 하였다.

그러나 잉카는 도시를 불태우고 더욱 안쪽 비밀기지로 사라져 버렸다. 노약자와 환자만 남겨두고 황금을 가지고 사라져 어디에서 무엇을 하고 있기에 지금까지 소식이 없는지 이방인도 궁금할 뿐이다.

자욱한 운무에 시계가 가려 마추피추가 풍향에 따라 가끔씩 얼굴을 보여주고 있다. 유적의 먼 부분은 운무에 가려 희미한 모습이 한 폭의 산수화 같다. 눈앞에 전개되는 신비로운 파노라마가 말할 수 없는 기대감으로 심장이 고동치고 감격한 두뇌는 숨막히는 경외감 속으로 잠겨드는 느낌이다. 아름답고 신비한 불가사의의 공간에서 이곳을 거닐었던 잉카인의 숨결이 안개비에 섞여 얼굴에 와 닿는다.

가이드를 따라 유적지를 하나하나 돌아보며 설명을 듣지만 스페인어를 모르니 답답하기만 했다.

침략자 스페인을 피해 잉카의 귀족들은 하늘 가까운 곳에 공중도시 마추피추를 건설하

마추피추의 성스러운 바위와 파차마마 신전

고 1만 명 정도가 살았던 것이다. 유적지 입구에서 절벽을 따라서 200m정도 거리에 폐허처럼 보이는 초가집이 몇 채 나온다.

이곳에서 계단식 밭이 300m 정도 이어지고 그 위에 '오두막 전망대' 인 초가집 한 채가 있다.

마추피추의 전경

오두막 전망대까지 급경사로 계단의 돌 받침대가 안쪽만 울타리에 받쳐져 있고 바깥쪽은 떠있다. 전망대 뒤로 계단식 밭을 가로질러 중앙 계단을 올라가서 '묘지' 위쪽으로 가면 마추피추 전경을 보기에 가장 좋다.

지금까지 보아온 대부분의 마추피추 사진들이 이곳에서 촬영된 것이다. 나 역시 오두막 전망대에서 소나기를 피하면서 시간을 투자한 덕분에 마음에 드는 작품 한 점을 촬영할 수 있었다.

이곳에서 많은 미라와 뼈들이 발견되었다고 한다. 오두막 앞에 평평한 바위는 미라를 만들 때 시체를 뉘여 햇볕에 말리는데 쓰였을 것이라고 추측하는 사람이 많다. 잉카의 길이 오두막 집 아래로 지나가기 때문에 이 길을 걸어온 사람들이 제일 먼저 들르게 된다.

마추피추의 계단식 밭

끝없이 펼쳐져 있는 거대한 '계단식 밭'(Andenes)의 규모에 압도되어 버린다. 잉카인들은 평지가 없는 경사면에 계단식 밭을 만들어 1만 명 정도 되는 사람들의 생활양식을 생산할 수밖에 없었다. 또한 17군데의 '양수장'을 설치하여 식수와 계단식 밭농사를 짓기 위한 관개용수로를 정비한 돌 도랑도 보인다.

"태양의 신전"은 유일한 원형 건물로 자연석 위에 벽을 쌓아 만들었다. 건물 안의 자연석을 깎아 제단처럼 만들었고, 대부분의 태양 신전들이 원형으로 만들어져 있기 때문에 이곳에서도 '태양의 신전'이라고 불린다. 건물 내의 자연석에는 1자형 홈이 파여져 있다. 신전의 창문을 통하여 하지 때 떠오르는 태양이 이 홈이 가리키는 방향지점과 일치한다고 한다.

이 건물 지하 동굴에는 여러 개의 제단이 있고, 이곳에서 미라들이 발견되었기 때문에 '왕의 무덤'이라고 한다. 태양 신전 옆에는 유일한 2층 건물인 왕녀의 궁전이 있고 좁은 공간 2층으로 올라간 계단은 외벽을 따라 밖에 설치되어 있다.

중앙공원 아래쪽 건물 사이로 들어가면 천연의 요새로 만들어진 **"콘도르 신전"**이 있다. 콘도르와 비슷한 형상의 바위를 이용하여 그곳에서 제사를 지냈던 곳으로, 양 날개와 몸통은 자연석이고 입 모양으로 원형의 야마와 같은 동물을 제물로 바치는 제사의식을 올렸다고 한다.

15세기를 전후해 번성한 잉카제국의 유적지 곳곳에서 잉카인의 숨결을 느끼며 둘러보고 있다. 인간의 힘으로 불가사의한 축조물 하나하나에 그들의 혼이 담겨 있는 듯했다. 외부 세계와 차단된 상태로 그들 방식대로 고독한 삶을 살다간 힘의 원천은 어디서 나온 것일까?

비가 개이면서 마추피추 배후에 높이 솟아 있는 "와이나피추"(Huaina Pichu : 젊은 봉우리)가 조금씩 모습을 드러내 보인다. 마추피추에서 와이나피추까지 갔다오는 시간이 2시간 내지 3시간 정도가 소요된다고 한다. 관리소에 입산신고를 하고 와이나피추를 오르다가 다시 비가 내리면서 운무가 앞을 가려 지척을 분간할 수가 없어 포기하고 내려와야 했다.

지난 번 알레키파에서 헤어진 일행들과 오늘 마추피추에서 도킹하기로 약속이 되어 있었으나 지금껏 만나지 못하고 있었다. 성스러운 바위 주변에 앉아서 잠시 휴식을 취하는데 대광장에서 H여사를 비롯한 일행들이 우리 쪽으로 오고 있다. 이렇게 일행들과 재회의 기쁨을 나누고 있는데 일행 몇 명이 와이나피추를 가겠다고 나선다.

얼마 후 안개가 개이며 시야가 밝아졌다. 사나이 대장부로 태어나 다시 한 번 도전하기로 마음을 정하고 **"와이나피추"**로 향했다.

조금 전에 갔던 길을 다시 올라가는데 중간에 길이 없어지고 험한

와이나피추 유적

낭떠러지가 나타난다. 이제 앞뒤로도 갈 수 없는 산등성이 절벽에서 풀뿌리를 한 움큼 움켜쥐고 천길 낭떠러지를 쳐다보니 눈앞이 캄캄하다. 천신만고 끝에 산등성이를 넘어 중간에 정상 코스로 접어들었다. 정상적인 루트도 돌계단 사다리를 오르는 것처럼 상당히 가파르고 위험하다.

1시간 정도 올라 정상에서 사방을 둘러보니 신선의 세계에서 하계 마추피추를 내려다보는 것 같다. 양쪽으로 우루밤바 강이 흐르고 '아구아스 칼리엔테스'(Aguas Calientes)에서 마추피추로 올라오는 구불구불한 도로를 가로질러 인디오 남자아이가 커브를 돌 때마다 나타나 '굿바이'라고 인사를 한다는 소년이 보고 싶다. 지금은 '굿바이 보이'를 볼 수 없어 옛날 동화 속의 이야기처럼 들린다.

정상에도 잉카인들은 **"달의 신전"**을 만들고 철옹성 같은 요새와 계단식 밭을 만들어 놓았다. 많은 역경이 있었지만 잉카트레킹 성공과 와이나피추 정상에 올랐다는 성취감으로 개선장군이나 되는 것처럼 날아갈 듯한 기분이다.

오후 2시 30분 경 마추피추로 돌아와 관리소에 하산신고를 하고 일행들을 찾아 나섰지만 어찌된 일인지 보이지 않는다. 일행들을 만나려고 마추피추를 샅샅이 찾아 헤매었지만 보이지 않아 매표소 입구에서 기다려 보기로 했다. 일행들이 머물고 있는 지역과 숙소를 몰라 어디로 가야 만날 수 있을지 초조하고 불안한 마음이 들었다.

관리사무소에 부탁하여 매표소 입구에서 한국인이 기다리고 있노라고 구내방송을 내보냈다. 그때 마침 한국말을 잘하는 40대의 일본인 여자 가이드가 찾아와 내 이야기를 듣고 현지인과 통역을 해주었다.

오후 5시 30분에 마추피추도 업무가 끝나고, '아구아스 칼리엔테스' 행 막차도 끊긴다. 막차를 놓치면 이곳 호텔에서 하룻밤을 묵어야 되는데 숙박료가 100달러란다. 내 딱한 사정을 옆에서 지켜보고 있던 일본인 관광객 70대 노신사 한 분이 내려갈 차비는 있느냐? 고 물으며 50달러를 손에 쥐어주려 한다. 달러가 있다고 거절하니 내려가는 교통비가 20솔이니 거절하지 말라며 다시 40솔을 준다. 한사코 거절을 하였지만 노인의 성의를 뿌리치기가 정말 어려웠다.

아구아스 칼리엔테스에서 일행들을 만나지 못하면, 자기들은 내일 오후 3시에 쿠스코 행 기차를 탈 것이니 그 곳으로 오라고 한다. 이역만리 남미 페루의 안데스산자락 마추피추에서 생면부지의 일본인에게 도움을 받을 줄이야 꿈엔들 생각했겠는가? 감사하다는 인사를 하고 떠나려는 막차에 올라 차창 밖을 향하여 손을 흔들어 다시 한 번 고마움을 표했다. 버스를 타고 내려오며 생각해 보니 노인의 성명, 주소, 전화번호라도 알고 왔어야 했는데 경황이 없어 인사만 하고 온 것이 못내 후회가 되었다. 과연 나라면 그런 상황에 그렇게 베풀 수 있었을까? 우연히 다시 한 번 그 노신사를 만날 수 있기를 기원하는 동안 버스는 아구아스 칼리엔테스에 도착하였다.

버스에서 내려 숙소를 찾으려고 두리번거리며 걸어가는데 박소장이 도로변 레스토랑에서 맥주를 마시며 2시간 동안이나 기다리고 있었단다. 일행들은 내가 먼저 다른 일행과 같이 내려온 것으로 알고 있었던 것이다. 다행히 모든 것이 좋게 끝나고 나에게 영원히 잊을 수 없는 좋은 추억거리를 남겨 주었다.

"아구아스 칼리엔테스"(Aguas Calientes)는 문자 그대로 '뜨거운 물'이라는 의미로 온천 휴양지이다. '푸엔테 루이나스' 역에서 철길을 따라서 약 2km 지점에 마추피추가 있고, 이곳에서 장사하는 사람 대부분이 아구아스 칼리엔테스 주민으로 철길을 따라다니고 있다. 작은 도시로 역을 중심으로 철길 양쪽에 주택과 가게들이 늘어서 있다.

도시 중심도 작은 아르마스 광장에 대성당이 있고 오른쪽 비탈길을 따라 오르면 온천이 있다. 석양 무렵 관절염에 좋다는 노천온천에 들러 2시간 정도 몸을 담그며 누적된 피로를 풀어 보지만 온천수 관리가 흙탕물처럼 불결해 보였다.

돌아오는 길에 저녁식사를 겸해서 시원한 맥주도 한 병 마셨다. 숙소로 돌아오니 일행들이 맥주 몇 병을 준비해 놓고 기다리고 있다.

그동안 알레키파에서 헤어진 후의 일행들은 '캐논 데 콜카' 투어에 합류하여 해발

잉카 트레킹

happy bridge ➡ 와야밤바 ➡ 파카마요 ➡ 와르미와누스까 ➡ 파카마요 ➡ 위냐와이나 ➡ 마추피추 ➡ 태양의 신전 ➡ 콘도르 신전 ➡ 와이나피추 ➡ 달의 신전 ➡ 아구아스 칼리엔테스

5,200m의 고산을 지나 '치바이' 마을에서 1박하며 온천욕을 즐기고 온 이야기와 우리 역시 3박 4일 동안 잉카트레킹을 하고 돌아온 이야기를 중심으로 대화가 오갔다.

최종적으로 '배낭여행의 진정한 의미는 무엇이냐?' 라는 주제로 각자의 의견 교환도 있었다. 나는 배낭여행이란 "첫째, 온갖 구속에서 벗어나 자유로워지는 것이다. 둘째, 삶의 환경이 서로 다른 사람들의 생활양식과 문화와 전통 및 풍속을 살펴보는 것이다. 셋째, 많은 사람들을 만나보고 이들을 통하여 자신을 되돌아 볼 수 있는 시간적 여유를 갖는 일이다"라는 평소의 생각을 이야기했다.

이러저러한 이야기를 나누는 가운데 밤은 깊어만 갔다.

새벽 4시에 기상하여 4시 50분에 출발하는 '울란탄' 행 기차를 타려고 역 대합실 매표소에 들렸으나 창구가 닫혀 있어 기차표를 사지 못했다. 일행들은 마추피추 투어를 위해 왕복 기차표를 미리 구입해 왔다. 그러나 강선생과 나는 잉카트레킹으로 왔기에 기차표를 예매할 수가 없었다. 박소장이 자기 티켓을 건네주면서 먼저 기차에 승차하고 있으

출입국 관련 및 사증

페루는 한국인 입국 시 무비자 여행이 가능한 나라 중 하나다.

6개월 이상 남은 여권을 소지한 대한민국 국민은 최장 90일까지 무비자 입국이 가능하다.

면 티켓을 사오겠다고 하고 매표창구로 가는 사이 기차는 출발하였다.

기차가 적당히 몸을 흔들며 우루밤바 강줄기를 따라 기적소리를 내며 힘겹게 달려간다. 철길 주변 산과 작은 마을에는 용설란 울타리가 한 줄로 촘촘히 심어져 방범용 가시철망 역할을 하고 있다.

기차가 **"울란탄 역"**에 도착하여 광장 쪽으로 나오니 쿠스코 행 고물 버스들이 승객유치 경쟁을 벌이고 있다. 우여곡절을 겪으며 고물 버스를 타고 쿠스코의 아리랑식당에 12시경 도착하여 된장찌개로 아침 겸 점심식사를 대신하였다.

박소장이 기차표를 사러 간 사이에 기차가 출발하여 그곳에서 10시 30분 표를 구입하여 타고 왔다며 오후 1시경에 우리가 있는 식당으로 왔다. 나로 인하여 박소장이 어제 마추피추에서 부터 오늘 기차표에 이르기까지 고생이 많았다. 미안하여 몸 둘 바를 몰랐다.

일행들의 의견을 모아 오후 2시에 출발하는 '푸노' 행 버스에 올랐다. 버스가 시가지를 벗어나면서 차창으로 안데스 고원의 풍경이 스치고 지나간다. 도로변에 보이는 것은 온통 벌거숭이 민둥산으로 갈색 진흙뿐이다.

쿠스코와 푸노의 중간 지점이자 가장 높은 곳으로 4,314m의 "라 라야"(La Raya)에서 잠시 휴식을 취한다. 안데스 고원 평야의 도처에 피어있는 야생화가 푸른 하늘에 떠있는 흰 뭉게 구름과 어울려 한 폭의 그림 같은 풍경이다. 또한 방목하고 있는 소와 말 그리고 알카파, 야마의 무리 역시 평화롭고 목가적인 분위기를 연출하고 있다.

그러나 밤이 되면서 4,000m 이상의 고원을 넘는 버스 안에서 심한 추위를 느끼며 고생한 뒤 밤 9시경 푸노에 도착하였다.

‘티티카카’(Titicaca) 호반의 도시 “푸노”(Puno)는 페루의 남부, 안데스산맥의 중앙에 위치하는 표고 3,850m의 도시이다. 바다와도 같은 티티카카는 세계에서 가장 높은 지대에 있는 호수이다. 잉카 창시자 ‘망코 카파크’가 강림한 곳이라는 전설과 연계된 중요한 땅으로 인디오의 오랜 전통과 독특한 풍속을 많이 간직한 고장이다.

침략자 스페인이 이 나라를 점령한 이후에는 원주민들이 도시에서 쫓겨나 산이나 호수로 이주하여 자신들의 마을을 멀리에서 바라보며 대대로 망향의 한을 달래며 살아가고 있다.

푸노는 볼리비아 국경까지 이어지는 요충지로 재래시장이 크게 발달되어 도시의 3분의 1이 시장이라 해도 과언이 아니다. 중앙시장에는 중고 라디오로부터 의류, 과일류, 음식, 중고 책 등 많은 물건이 거래되고 있다. 물건값도 비교적 저렴하여 배낭여행을 계속할 여행자는 구매가 필요한 곳이기도 하다.

시내에 가 볼만한 곳으로 아르마스 광장과, 피노 광장, 대사원, 그리고 재래시장 등이 있다. 아르마스 광장은 아주 깔끔하고 아름다운 조형의 나무들이 광장을 둘러싸고 있다. 인디오들의 생활과는 너무 대조되는 현대식 디자인의 조형이 인상적이며 그 앞을 지나가는 인디오의 전통 의상과 대조를 이루고 있다.

광장 정면의 대성당에서는 티티카카 호수와 푸노 시가지의 아름다운 정경을 한 눈에 바라볼 수 있다.

비를 맞으며 ‘우로스 섬’(Islas Los Uros) 투어에 나섰다. 호텔에서 부두까지는 도보로 10분 거리로 금방 도착하였다. 아침 8시경 모터보트가 20명의 관광객을 태우고 티티카카 호수를 가르며 출발한지 40분 만에 **"우로스 섬"**에 도착하였다.

티티카카 호수 위에 떠있는 몇 개의 작은 섬으로 이루어진 우로스 섬은 '토토라' (Totora)라 부르는 갈대식물을 엮어서 티티카카 호수 위에 바닥을 겹겹이 깔고 갈대로 집을 지어 마을을 이루고 살아간다.

'Titi' 는 잉카에서 신성시하는 퓨마를 의미하고, 'Caca' 는 남색 또는 검은 색을 뜻한다고 한다. 호수의 모양이 표범의 모습처럼 보인다 하여 붙여진 이름이다.

섬이 위치한 곳의 수심은 1m 정도이며 파도나 바람에 흘러가지 않도록 호면에 자라고 있는 갈대에 묶어 놓았다. 3m 정도의 두께로 쌓인 토토라의 아래쪽 물에 잠긴 부분은 썩기 때문에 새로운 토토라를 위에 깔면서 오랜 세월을 유지해 가고 있다.

한 세대가 사는 작은 섬으로부터 350명 정도가 살고 있는 큰 섬에 이르기까지 40여 개 섬이 호수에 떠있고 전체 주민은 800명 정도 되며, 학교와 교회도 있다. 주민들은 '아이말' 어를 사용하는 '우루족' 으로 티티카카 호수에 서식하는 물고기와 물새를 잡고, 야채, 감자 등을 재배하

며 생활하고 있다.

토토라는 섬 주민들과는 끊을 수 없는 관계로 집은 물론이고 밭, 불씨, 가축의 사료로도 사용한다. 또한 섬과 섬 사이를 연결하는 유일한 교통 수단이 되는 '바루사'라는 배도 토토라 다발을 끈으로 묶어서 만든 것이다.

관광객에게 파는 민예품도 이들의 수입원의 하나로 섬에 보트가 도착하게 되면 어린이들이 손에 민예품을 들고 호객행위를 하고 있다. 아낙네들은 갈대 바닥에 각종 토산품과 민예품을 진열해 놓고 팔고 있다.

섬 한쪽으로 5m 높이의 전망대도 있다. 선수에 퓨마 머리로 장식한 바루사를 한 번 타는데 2솔레스이고 4인이 타도 가라앉지 않는다. 현지인과 기념사진 한 장이라도 같이 찍으려면 반드시 모델료를 요구한다. 이곳에도 지금은 현대문명의 손길이 닿아 태양 전지 패널을 이용하여 텔레비전까지 시청할 수 있다고 한다.

오전 10시경 우로스 섬의 관광을 마치고 2시간 거리에 있는 **"타킬라 섬"** (Isla Taquile)을 향하여 모터보트는 물살을 가르며 앞으로 전진한다. 한낮이 되면서 날씨가 개이고 검푸른 호수와 파란 하늘이 맞닿는 수평선으로 배는 고동소리를 울리며 달려나가 12시경에 섬에 도착하였다.

푸노에서 티티카카 호수를 따라 약 45km 정도 거리에 있는 타킬라 섬은 6개 마을에 1,600명의 원주민이 살고 있다. 이들은 옛날 생활 방식대로 공동체를 운영하는 '케추아' 원주민으로 일 년에 한 번씩 중앙광장에 모여 대표를 뽑는다고 한다. 섬을 6개 지역으로 나누어 각 지역마다 서로 다른 작물을 재배하는 옛날의 농경 방법을 그대로 사용하고

있다. 공공사업도 평등하게 시행하기 위하여 '미타'라고 하는 잉카의
전통 노동시스템을 아직도 유지하고 있단다. 섬 안에는 지금까지도 바
퀴 이용의 원리를 모르고 전기와 수도가 없고 무엇이든 자급자족과 물
물교환을 하는 원시 마을이다.

타킬라 섬은 크지는 않았지만
조용하고 평화로운 섬으로 관광
객도 많지 않아 휴양지로 며칠
묵었다 가면 좋겠다는 생각을 해
보았다.

섬 부두에 상륙하여 비탈진 산
정상까지 길을 따라 30분 정도
오르면 두 부족이 섬을 경영하는
돌담을 쌓아서 경계를 표시하고
돌로 아치형 출입문을 만들어 사
용하고 있다.

타길라 섬 입구

남자들이 쓰고 있는 모자의 색
깔에 따라 기혼과 미혼을 구별한
다. 빨간색의 모자를 쓰고 있으
면 기혼자이고, 빨간색에 흰색
줄무늬 모자를 쓰고 있으면 총각
이란다.

특이한 것은 어른이고 아이고
알파카나 야마 털을 손에 들고

타길라 섬의 남자들이 뜨개질하는 모습

타길라 섬의 축제

다니면서 손가락으로 비벼 털실을 만든다. 또한 남자들이 옹기종기 모여 앉아 모자나 목도리 등을 뜨개질하는 모습도 퍽 이색적이다.

잉카의 유적이 눈에 크게 뜨이지는 않았지만 섬 전체를 계단식으로 개간하여 밭을 만들어 채소나 감자 등을 경작하고 있다.

광장을 중심으로 2층 석조 공회당, 학교, 교회, 레스토랑, 민예품 전시 판매장 등이 있고, 작은 박물관에는 토기, 악기, 농기구 등을 전시하고 있다.

오늘이 마치 일요일이라 그런지 중앙광장에서는 마을 행사가 열리고 있다. 전통의상을 차려입고 민속악기를 든 원주민들이 일렬 횡대로 길게 늘어서고 중앙에 있는 사람이 무어라고 오랜 시간 낭독을 한다.

나와 있는 사람은 부족장인 듯 하얀 숄을 어깨에 걸치고 있다. 도열 앞에는 20여명의 원주민 할머니들이 한국 법관의 법복 차림에 숄을 머리에 둘러쓰고 땅바닥에 엎드려 있다. 이들 원주민 사회에서 여자를 천하게 여기는지 빈 좌석이 있는데도 절대로 앉지 않았다. 심지어 배에서도 선실 바닥에 엎드려 가는 모습이 측은하게 보였다. 카메라를 들이대면 아예 숄로 얼굴을 가려버린다.

　점심은 호수 주변에서 잡은 생선을 튀긴 것으로 밥과 감자 튀김, 코카차를 포함하여 1인당 10솔레스다. 식사 후 광장에서 자유롭게 시간을 보내며 마을을 가로질러 언덕 넘어 2개의 돌문을 지난다.

　이곳부터는 500단 이상의 돌계단과 작렬하는 태양 빛에 티티카카 호수의 물빛이 짙은 남색을 띤다. 돌계단을 따라 내려가면 오전에 왔던 반대편 선착장에 우리가 타고 왔던 모터보트가 대기하고 있다. 모터보트 지붕 난간에 걸터앉아 주변 경치를 바라보며 햇살에 일광욕을 즐기며 푸노로 가고 있다.

타길라 섬 선착장

　밤이 되면서 갑자기 매섭고 차가운 바람이 몰아치며 호수에는 파도가 출렁거리기 시작한다. 작은 보트라 흔들림이 심하고 멀미까지 나며 귀로의 뱃길은 순탄하지 못했다. 또한 호수 가운데서 엔진 고장으로 시동이 꺼져 30여분 동안 표류하여 승객들이 구명조끼를 입고 불안과 공포에 떨기도 하였다. 다행히 고장 부분을 빨리 수리하였지만, 밤 8시가 다되어 어둠에 잠긴 푸노의 항구에 도착하였다.

　호텔로 돌아온 길에 골목 시장에 들러 '뽀요' 로 저녁 식사를 해결했다.

오전에는 푸노에서 32km 떨어진 "시유스타니"(Chulpa de Sillustani) 유적지까지 오는데 택시로 한 시간 거리였다. 이 유적은 잉카의 1,000년 전 '추라혼'(Churajon) 문화가 남긴 공동묘지이다.

석탑묘로 전성기 때에는 천 개 이상 달했고 벽돌과 벽돌의 이음새가 아주 정교하다. 돌의 중앙에는 둥근 홈을 파고 그곳에 둥근 돌을 삽입해 놓았다. 지진이나 어떤 충격에 의해서도 붕괴되지 않도록 유동성을 준 건축양식이다.

석탑 내부는 여성의 자궁을 의미하며, 태어날 때 자궁에서 태어났기 때문에 죽어서 원래의 고향인 자궁으로 되돌아간다는 것이다. 우리 나라도 풍수설에 의하면 천하의 명당자리는 '좌청룡 우백호 남주작 북현무'로 여자 자궁의 혈을 의미한다. 이런 맥락에서 우리와 지구 반대편에 있는 이곳 시유스타니 석탑묘가 공통

시우스타니 유적 (공동묘지)

점을 가지고 있지 않나 생각해 보았다.

유적지 주위를 둘러보면 뒤쪽에 거울같이 맑은 '우마요' 호수가 있고 전면에는 안데스 고원이 지키고 있다. 조용하고 양지바른 풍광이 뛰어난 곳에 묘를 세우고 싶음은 동서고금 어디를 가나 인간의 마음속에 숨어 있나 보다.

유적지 입구에는 이곳에서 출토된 유물을 전시하는 박물관도 있다.

볼리비아

서른한번째날 (오후)

　오후에 택시를 1인당 25솔씩 내고 합승하여 푸노를 출발하였다. 뜨거운 태양열 아래 티티카카 호수의 주변 경관을 보며 2시간을 달려 국경마을 '융구요' (Yunguy)에 도착하였다. 이곳에서 출국심사를 받고 1달러를 7.7볼리비아노 (Boliviano)로 계산하여 환전한 후 300m 정도를 걸어서 '볼리비아' (Bolivia)에 입국했다.

　입국시 한국인은 비자가 필요하다. 남미 다른 나라에 비해서 한국인에게 특별히 여권사본을 첨부하라는 등 까다롭고 불친절하게 입국심사를 했다. 자기 나라를 구경하고 돈 쓰고 가겠다는 관광객에게 불손한 태도를 보이는 것으로 보아 볼리비아 경제 어려움의 이유를 알 것 같았다.

　국경을 넘어 30분 거리인 볼리비아의 티티카카 호반의 도시 "코파카바나" (Copacabana)에 도착하였다.

　오늘 밤은 이곳에서 쉬고 내일 '태양의 섬' 을 관광하기로 예정이 되어 있었으나, 일행들은 라파즈로 바로 가기를 희망했다. 그래서 나 혼자 남아서 태양의 섬을 관광하고 뒤따라 라파즈로 가겠다고 말하니 박 소장이 같이 떠나자고 애원을 한다.

　할 수 없이 일행들과 행동을 같이 하기로 하고 라파즈행 고물버스에 올랐다. 1시간을 달린 버스는 호수를 건너가는 교량이 없어 승객을 페리선으로 1인당 요금 1.5Bs를 따로 받고 인도했다.

　3,800m의 안데스 고원을 달린 버스는 좌측으로 설산을 바라보며 3시간을 주행한 끝에 라파즈 교외 산동네인 'Alto' 에 접어들었다.

볼리비아는 흔히 남미의 티벳으로 불린다. 그만큼 해발 3500미터가 넘는 고원 도시들이 많다. 페루와 국경을 마주하는 티티카카 호수에서 행정상 실제 수도인 라파즈와 그 주변까지 계속되는 고원지대는 사실상 페루 안데스보다도 더욱 넓은 안데스 문화를 일구어 내고 있다.

안데스 고원에 위치한 만큼 볼리비아의 인구 구성도 원주민의 비율이 높다. 그만큼 경제적으로는 주변국보다 낙후되어 있고 19세기 중후반 칠레와의 전쟁으로 태평양 지역을 빼앗긴 후로 라틴아메리카 국가들 중에는 유일하게 바다에 접하지 않는 국가가 되어 버렸다.

바다의 융기 현상으로 형성되었다는 티티카카 호수와 우유니 소금 사막 등은 이미 많은 국제 여행자에게 라틴아메리카 여행 추천 1호로 손꼽히고 있다.

1. 공식국명 : 볼리비아 공화국
2. 수도 : 수크레 (Sucre, 헌법상의 수도)
　　　　　 라파즈 (La Paz, 행정상의 수도)
3. 시차 : 한국보다 13시간 늦다
4. 통화 : 화폐단위는 볼리비아노(Bs) 이다
5. 주요언어 : 스페인어, 아이마라어, 케츄아어, 기타 토속어
6. 종교 : 카톨릭 95%

“라파즈”는 해발 3,632m로 1548년 ‘Alonso de Mendoza’ 가 설립한 도시이다. 화산 폭발로 생긴 분화구에 도시를 건설하여 세계에서 가장 높은 공중도시로, 천국에서 제일 가까운 도시라고도 한다.

볼리비아 수도 ‘라파즈’ (La Paz)는 스페인어로 ‘평화’ 라는 뜻을 담

고 있으며 산 프란시스코 광장을 중심으로 도시가 발전되었다. 광장 정면에는 산 프란시스코 성당이 있고 성당 뒤편으로 재래시장이 있어 먹거리를 즐기며 서민들의 생활을 느낄 수도 있다.

도시 전경은 잠실 종합운동장 스탠드에서 축구 경기를 관람하듯 분화구를 중심으로 경사진 언덕에 부채꼴 모양으로 펼쳐진 빨간 벽돌 건물들이 가득한 도시이다.

비좁은 급경사 도로를 내려가면 도시 중심인 산 프란시스코 광장이 나온다. 광장에서 역으로 비탈진 언덕을 조금 올라가서 '사가르나가' 호텔에 여장을 풀었다.

볼리비아는 천연가스를 미국에 수출하기 위한 송유관 설치 방법을 놓고 나라 전체가 몸살을 앓고 있다. 바다가 없는 내륙 국가로서 천연가스를 수출하려면 주변 국가를 경유하는 파이프라인을 설치하여 항구까지 연결해야 한다. 가스 파이프라인을 설치하려면 칠레의 '아리까' 항구나 페루의 '일로' 항구를 통과하는 경로가 있다.

볼리비아 정부는 칠레의 아리까 항구를 경유하는 것이 거리 상으로 가까운 관계로 파이프라인 설치비와 운송비가 절감되기 때문에 이 통로를 이용하기로 하고 계획을

라파즈 시가지 모습

추진하였다. 그러나 다수의 인구를 차지하는 원주민들은 페루의 일로 항구를 이용하자고 주장하는 데서 소요의 발단이 되었다.

아르마스광장

천국에서 가장 가까운 도시 라파즈

칠레 아리까 항구는 원래 볼리비아의 영토였으나 칠레에 뺏기어 평소 국민 감정이 좋지 않았기 때문이다. 옛날 자기 영토에다 파이프라인 설치비용과 항구 사용료를 납부한다는 것은 볼리비아의 국민 자존심이 허락하지 않았던 것이다.

그러나 원주민들이 주장하는 페루의 일로 항구는 거리가 멀고 험준한 안데스 산악지대를 통과해야 하고 일로는 아직 항구로서 시설이 갖추어지지 않아 비용이 많이 소요된다. 볼리비아 정부의 실리추구와 원주민들의 명분 대결이 내전 양상으로 나타난 것이다.

어떻게 보면 표면상 가스 파이프라인 문제지만, 그동안 백인이 장악하고 있는 정부 지도층에 대한 불신과 경제적 불황으로 피폐한 서민 생활이 불만으로 표출된 것 같다. 최근까지 내전으로 치안이 불안하여 지방에서 라파즈로 들어오는 도로가 원주민 군중들에 의하여 점령당하고 대통령이 하야하는 정변을 겪었다.

초기에는 치안부재로 외국인에 대한 입국이 허용되지 않았다. 여행 계획을 세울 때부터 볼리비아 입국이 가능할지 여부를 놓고 많은 고심을 했었다. 그러나 점차 시간이 지나면서 사회적 불안이 해소되어 이방인들이 볼리비아를 찾아오고 있다.

 ## 서른 두 번째 날

고원지대 여행은 그 지역의 고도에 서서히 적응하면서 움직여야 된다. 그런데도 남미의 4,000m 이상의 여행지를 오가는데 여행 일정을 무리하게 서둘렀다. 일행들은 하루 빨리 고원지대인 페루와 볼리비아의 고소증으로부터 벗어나고 싶어했다.

지난 밤에는 누적된 피로가 모든 잡념을 잊어버리고 오랜만에 깊은 잠에 빠지게 하였다. 아침 일찍 기상하여 약 400m 정도의 내리막길을 걸어서 **산 프란시스코 광장**을 산책하였다.

경사진 언덕을 오를 때는 가슴이 답답하고 숨이 헐떡거려 쉬엄쉬엄 걸어야만 했다. 언덕길마다 양편으로 점포가 죽 늘어서 있고 그 중에 민예품을 파는 가게가 많다. 동식물 약제만을 취급하는 점포가 밀집된 곳에는 야마의 태아, 마약류, 야생과일 등 평생 듣도 보지도 못한 각종 정력보강제를 팔고 있었다. 동서양을 막론하고 사람들은 하나 같이 정력제라면 다들 좋아하는 모양이다.

오전 중에 '티후아나코' 마을을 가려고 어제 새차인 콜렉티보를 예약해 놓았으나 기사가 약속을 어기고 끌고 온 차는 완전 고물차이다. 기분이 나빠서 예약을 취소하고 일반버스로 가기로 하고 요금을 6Bs를 냈다.

버스로 라파즈의 빈민촌을 지나 1시간 30분 후에 **"티후아나코"** 마을 앞 루이나스에 도착한다. 이곳은 파차카마의 유적지이며 잉카문화의 시발점이라고 하는 의미가 깊은 곳이다. 입장료 25Bs를 지불하고 먼저 유물 전시장으로 들어갔다.

잉카시대의 각종 석기 및 도기와 인물상인 두상 (해골)이 진열장 안에 전시되어 있다. 실내 전시장 두 곳과 야외 전시장도 두 곳이 있다. 야산과 평지가 모두 유적지로 아직도 발굴 작업이 계속되고 있었다.

티후아나코 유적지

　　귀로를 서둘러 오후 4시경
에 라파즈 시내로 돌아왔다.
중심지 재래시장은 한국의
남대문시장에 비해서 규모는
작지만 볼거리는 많아 이곳
저곳을 기웃거리며 먹거리도
맛보면서 돌아다녔다. 식사
한 끼니가 5Bs면 충분히 해
결되었다.

　　산 프란시스코 광장에 웬
사람이 저리도 많을까 싶어

티후아나코 유적에서 발굴된 두상들

가까이 가보니 약장사가 원맨쇼로 사람들을 모아놓고 약을 팔고 있다.
거리를 따라 다니다보면 볼리비아 광장, 아바로아 광장, 이사벨라 카
토리카 광장이 나오고 대통령 궁이 있는 문일로 광장에는 대성당과 함
께 남미의 전형적인 콜로니얼 광장 모습을 보여주고 있다.

　　호텔로 돌아오는 길에 치킨센터에 들러 통닭 두 마리와 맥주, 과일
등을 샀다. 오늘 K여사의 생일을 축하하고 고소증과 여행에 지친 일
행들의 원기회복 차원으로 각자가 준비한 먹거리로 생일파티가 열렸
다.

라파즈에서 '우유니'(Uyuni)까지 논스톱으로 가는 직행버스가 화요일과 금요일 오후에 한 차례씩 있다. 그러나 다른 요일에 출발한 버스는 '오루로'(Oruro)까지 간 다음 야간 버스로 갈아타고 10시간 정도를 달리면 다음 날 아침 우유니에 도착할 수 있다고 한다.

서둘러서 나간 버스터미널은 시장처럼 복잡하고 소란스럽다. 터미널에서 날치기 사건이 자주 발생하기 때문에 범죄 예방을 위하여 경찰관이 구내를 순시하며 여행객들에게 소지품을 주의하라며 다니고 있다.

매표소에서 우유니행 티켓을 끊으니 공항 이용료를 받듯이 터미널 사용료도 따로 2Bs씩 받았다. 오전 10시에 출발한 버스가 시내를 벗어나니 안데스의 아름다운 풍경의 파노라마가 시야에 들어온다.

안데스 북쪽 콜롬비아에서 남쪽 아르헨티나의 파타고니아까지 남아메리카 대륙 서쪽을 따라 남북을 관통하는 산맥이다. 해발 3,000m에서 5,000m를 종단하는데 산소가 부족하여 식물도 자라지 못한다. 멀리 보이는 6,000m 급 고봉 앞으로 나지막한 구릉의 완만한 굴곡이 교차하는 가운데를 2차선의 아스팔트 도로가 상하로만 오르내리며 직선으로 달려간다. 나무 한 그루 서있지 않는 민둥산은 흑갈색으로 빗자루로 쓸어 놓은 듯 깔끔하다. 구릉의 스카이라인은 완만한 곡선을 그어가며 아련하게 멀리 하늘까지 구획한 것처럼 보인다.

라파즈를 출발한 버스는 남쪽 3,500m 고원을 넘어 오후 2시경에 인구 20만의 광산도시 "오루로"에 도착하였다. 이곳에서 우유니로 가는 버스가 밤 8시에 있다고 하여 버스 티켓을 예약하고 6시간 동안 시내 관광에 나섰다.

터미널에서 중앙 광장까지는 30분 거리를 걸어갔다. 광장 옆 재래시장 노변 포장마차에서 때늦은 점심을 해결하고 공원 주위를 돌아다니며 구경거리를 찾아본다. 야간버스를 타려면 충분한 휴식이 필요할 것 같아 공원 벤치에 기대어 잠시 눈을 부치다가 버스 시간에 맞추어 터미널로 돌아왔다.

밤 8시에 출발한 버스는 입추의 여지도 없이 초만원이다. 오우로 시내는 초저녁인데도 한가한 도로에 희미한 가로등만이 졸고 있는 듯 몽롱하다.

버스가 교외로 빠지면서 손을 드는 사람은 다 태우고 아무 곳에서나 내리는 완전한 시골 버스다. 버스에 타는 현지 사람들이 담요를 한 장씩 들고 올라오는 것을 보면 밤에는 기온이 뚝 떨어져 상당히 추운 모양이다.

오루로를 출발한 버스가 칠흑 같은 어둠 속의 사막을 가로질러 비포장 자갈밭을 헤치고 나가더니, 타이어가 펑크나

오루로 노변의 포장마차

오루로 시장을 관통하는 기차

면서 멈추어 선다. 평소에 자주 펑크가 나는지 아예 펑크를 때우는 설
비를 갖추고 다닌다.

영원히 계속될 것만 같았던 고난의 밤도 10시간을 달려 아침 6시에
우유니에 도착하였다. 버스에서 내리자 각 여행사에서 나온 '우유니
소금 사막 투어'(Salar de Uyuni Tour) 유치단이 치열한 경쟁을 한다.

"우유니"는 라파즈에서 남쪽으로 200km 떨어진 볼리비아의 서남
부에 위치하고 있으며 칠레로 연결되는 철도역이 있는 작은 도시이다.
시 남쪽에는 세월과 함께 버려진 증기 기관차의 잔해인 '기차의 묘지'
를 제외하고는 별로 볼 것이 없는 도시지만 세계 최대의 소금 호수의
동쪽 끝에 붙어 있어 잉카 트레킹과 더불어 남미 관광의 백미로 일컬
어지는 우유니 소금사막 투어의 전진기지이다.

소금 호수라기보다는 세계 최대의 "소금 평원"으로 면적이 경기도
와 맞먹는 12,000㎢에 달한다. 고도는 3,650m인 안데스 고원에 있으며
깔린 소금의 두께는 1m, 깊은 곳은 20m에 이르고 121m되는 곳도 있다고 한다.

지각 변동으로 솟아오른 바다가 빙하기를 거친 2만 년 전부터 해빙되면서 소금을 녹여 Minchin호를 이루었다. 둘레 높은 산에서 소금기 있는 물이 유입되는 반면 흘러나가는 강은 없고 우량이 적은 건조한 기

우유니의 기차의 묘지

후에다 강렬한 햇빛의 작용으로 수분이 증발하게 되어 오랜 세월을 거치는 동안 바닥에 소금의 결정이 쌓이게 된 것이다.

서른 네번째날

　밤을 지새워 우유니에 도착하니 그동안의 피로가 누적되어 오늘 하루는 휴식을 가지면서 내일 우유니 소금사막 투어나 예약하고 가볍게 시내를 관광하려 했었다. 그런데 예상과는 달리 우유니 시내는 특별히 볼거리도 없었고, 수도와 화장실 시설마저 제대로 갖추어져 있지 않아 이방인이 머물기에는 상당히 불편한 곳이었다.

　현지 여행사의 권유와 일행들이 하루를 절약하여 칠레 쪽에서 여유를 갖자고 의견이 모아졌다. 우유니 투어는 소금 호수만 둘러보는 하루 코스와 소금 사막을 거쳐 칠레 국경을 따라 남쪽으로 내려가며 여러 색깔의 호수와 화산 및 온천 등을 보고 돌아오는 3박 4일 코스가 가장 일반적 투어 상품이다.

　우리 팀은 볼리비아 국경을 넘어 칠레로 들어가기 때문에 2박 3일 투어를 신청하면 된다. 그러나 투어비용은

우유니 소금 사막 투어 (안데스의 끝자락)

우유니 소금 사막 투어 랜드쿠르저

소금운반 차량

프라야 브린카 소금 호텔

3박 4일 코스나 2박 3일 코스가 똑같다. 여행자는 칠레로 빠지니 2박 3일이 되고 여행사는 우유니까지 되돌아가 3박 4일이 되기 때문이다.

소금사막 투어 경비로 1인당 60달러에 교통과 숙박 및 식사를 제공하는 조건으로 여행사와 계약하였다. 투어가 시작되기 전에 출입국 관리사무소에 들러 인적사항 제출과 15Bs를 내면 여권에 도장을 찍어준다.

시장에 들러 각자 음료수와 간식을 준비하고 오전 10시에 우리 일행이 타고 갈 4륜 구동차인 일본산 도요타 '랜드쿠르저' 두 대에 분승하였다.

자동차 지붕에 배낭과 물통 및 기름통을 다시 싣고 비닐커버를 덮는다. 투어가 끝날 때까지 주유소가 없기 때문에 자동차 연료를 지붕 위에 싣고 다녀야 하는 모양이다. 일행을 태운 선두 차 후미를 따라 사막에 버려진 '기차 묘지' 주변에 잠시 멈추어 사진만 몇 장 찍고 선두 차는 소금사막을 향해 달려나간다.

우리가 탄 차는 다시 시내로 돌아와 운전기사가 자기 집 앞에 차를 세우고 안으로 들어간다. 잠시 후에 부인과 함께 음식재료를 차에 가득 싣고 앞 조수석에 투어기간 동안 식사를 담당할 부인을 태우고 사막으로 떠났다.

비포장 시골길에 흙먼지를 일으키며 북쪽으로 30분 정도 달려 11시 30분 경 우유니 소금사막 동쪽 끝 마을 '콜차니'를 통과한다.

차는 이곳에서 서쪽으로 방향을 틀어 소금 평원으로 접어든다. 안데스 설산과 어우러진 희귀한 소금사막이 육각형으로 갈라져 하얀 눈밭으로 어느새 온 시야를 뒤덮는다. 길이 따로 있는 것이 아니라 소금 위에 난 바퀴 자국을 따라 간다. 공사판에 모래 야적장처럼 소금을 곳곳에 쌓아 놓았고 운반용 트럭이 한 차 가득 싣고 어디론가 가고 있다.

우리 일행이 타고 온 차는 콜차니 서쪽 35km지점에 있는 프라야 브린카 호텔 (Hotel Playa Blanca)에 도착하였다. 소금호텔 건물과 가구는 모두 소금 블록을 쌓았고 지붕만은 초가로 덮여 있다.

호텔 내부에는 침대와 테이블 및 긴 의자가 놓여 있고 메모판에는 여행자들이 이곳에

소금벽돌집

들러 남기고 간 많은 메시지가 붙어있다. 벽에는 각종 민예품을 전시해 놓았고 기념품과 음료수도 팔고 있다. 일행은 맥주 몇 병으로 목을 축였다. 소금호텔에서 마시는 맥주 맛이 정말 일품이라고 H여사가 분위기를 띄운다.

두 대의 랜드쿠르저는 온통 사방이 은백색인 광활한 평원을 나란히 정면을 향하여 앞서거니 뒷서거니 물보라를 일으키며 달려 나간다. 끝없이 펼쳐진 반질반질한 소금평원은 거울처럼 투명하여 강렬하게 내리 쬐는 태양 빛이 반사한다. 썬 글라스를 쓰지 않으면 눈이 상한다며 기사 겸 가이드가 일러준다.

바다를 달리는 환상적인 착각 끝에 콜차니에서 80km 지점인 외로운 기항지 **"이슬라 페스카도"**(Isla de Pescadores)에 닻을 내렸다. 이곳에서 아주머니가 점심 준비를 하는 동안 섬을 돌아본다.

우유니 소금사막 한 복판에 있는 이 작은 섬 이슬라 페스카도는 아이마라 어로 '물고기 섬'이라 하지만 '어부의 섬'이 정확한 명칭인 듯 하다. 옛날에 바다였음을 말해주듯 지금도 물고기와 해초의 화석들이 출토되기도 한다.

소금사막과 분리된 토양이 약 3만평 정도의 나지막한 동산을 형성하고 있다. 키가 5~7m 정도 되는 선인

어부의 섬 선인장 군락지

이슬라 페스카도 동산의 아치 바위

장이 무성하게 자라 섬 전체를 뒤덮어 환상적인 경치를 연출해 내고 있다.

섬 정상 3,700m을 향하여 지그재그로 난 바위 길을 따라 올라가는데 숨결이 가빠진다. 정상에 서서 사방을 돌아보니 하얀 지평선을 배경으로 경사면 전체에 무수히 서있는 전봇대 같은 선인장이 바위 돌과 함께 어울려 그야말로 장관이다.

정상에서 올라왔던 반대 방향으로 50m을 내려가다 보면 언덕에 아치 모양의 바위 구름다리가 있다. 언덕에 올라 아치 바위 구멍으로 보이는 풍경은 전문적인 사진 작가가 아닌 아마추어도 멋진 작품 한 점 만들고 싶은 충동을 느낄 수 있는 위치이다.

이슬라 페스카도 호텔

때늦은 점심은 샌드위치에 소고기 스테이크, 야채, 바나나, 토마토 등 제법 푸짐하게 준비한 성찬이다. 랜드쿠르저 뒷문을 열고 밑 부분을 밖으로 젖혀 식탁 대용으로 사용하고 차밖에 둘러서서 따가운 햇볕에 얼굴을 그을리며 땀을 뻘뻘 흘리면서 맛있게 먹었다.

점심 식사 후에 눈앞에 펼쳐지는 소금사막을 걸어나가니 백색의 살얼음판 호수 바닥에 주변 경관들이 반영되어 착시현상이 나타나 황홀경에 빠진다. 하늘과 땅이 일체가 된 만화경 같은 청과 백의 물가에는 바람만 느껴질 뿐 시간이 정지한 듯 만물이 정적에 잠겨 있다. 노을진 석양이라 사막이 온통 분홍색으로 물들어 가고 있다.

랜드쿠르저가 얼마를 달려나가 소금사막을 벗어나 울퉁불퉁한 소금 띠를 두른 제방 길을 따라 호수에서 멀어져만 간다. 주변의 밭에는 키가 작은 이름 모를 농작물이 재배되고 있다.

석양이 되면서 갑자기 하늘은 먹구름으로 뒤덮인다. 오후에 4시간을 달려온 자동차가 고원지대의 작은 마을 **"산 후한"** (San Juan)에 도착하자마자 밤알만한 우박이 쏟아지며 이내 굵은 빗줄기로 변한다.

우리 일행 13명이 같이 묵을만한 호텔이 없어 두 곳으로 나뉘어져 하룻밤을 지내게 되었다. 밤이 되어도 전등불은 들어오지 않고 소나기성 빗줄기만 세차게 내리며 천둥번개가 밤을 밝혀주고 있다.

아무 장식도 없는 다 낡은 침대 하나가 놓여 있는 방에 짐을 풀었다.

공동 화장실 겸 욕실에서 순간온수기로 샤워를 해야 하는데 전기가 왔다갔다 하여 샤워시설이 있으나마나다.

오늘 밤 우리 일행에게는 이번 배낭여행 동안에 영원히 지울 수 없는 가슴 아프고도, 전체 여행 일정을 송두리째 바꾸어 놓은 대 사건이 발생하고 말았다.

호텔에 도착해 짐을 푼 H여사와 J여사가 같이 공동 욕실에서 샤워를 하고 J여사가 먼저 나왔다고 한다. 뒤이어 서양인이 욕실로 들어갔다가 샤워장 바닥에 쓰러져 있는 H여사를 발견하였다.

H여사가 침실로 옮겨졌을 때에는 이미 호흡이 멈추어져 가사 (假死) 상태였다. H여사 입에 공기를 불어넣고 흉부를 주기적으로 세 번씩 펌프질하는 인공호흡을 40여분 동안을 계속했으나 회생의 기미가 전혀 보이지 않았다. 마지막 수단으로 자동차 배터리를 이용하여 전기쇼크요법까지 시도해 보았으나 눈동자가 풀어지고 몸에서 온기는 점점 사라져만 갔다.

우유니 소금사막 한 가운데 10여 가구가 살고 있는 '산 후한' 마을은 병원, 약국, 전화 등 문화시설이라고는 전혀 없는 오지 마을이다. 소문을 듣고 달려온 이 마을 의사 겸 무당이란 자가 비법을 가르쳐 준다

산 후한 마을

며 환자의 코에다 안티프라민을 바르면 30분 후에 깨어난다고 한다.

일행들의 헌신적인 회생의 노력에도 불구하고 H여사는 말 한 마디도 남기지 않고 다시는 돌아오지 못할 머나먼 여행길을 떠나 버렸다.

나는 H여사의 시신을 침대에 바르게 눕힌 다음 손을 가슴 위에 올려 흘러내리지 않도록 손수건으로 묶고 하얀 시트로 시신을 덮었다. 내 개인적 생각으로는 '고소증으로 인한 심장마비'인 것 같았다.

일행들은 공포와 불안 속에 서로가 말을 아끼는 모습들이다. 또한 친구의 죽음 앞에서 J여사도 몸이 마비되어 의식을 잃고 쓰러져 버렸다. 이러다가 줄초상이 날 것 같아 모두가 긴장과 초조 속에 더운물로 마비된 수족을 주무르며 J여사 살리기에 적극 나섰다.

H여사의 어이없는 죽음 앞에 모두가 넋이 나갔다. 우리 일행 모두가 경험이 없어 사건을 어떻게 수습해야할지 걱정이 되었다. 그렇다고 시신을 바라보고만 있을 수는 없어 마을 이장의 도움을 받아 관할 경찰서에 먼저 신고를 했다.

경황이 없어 자정이 되도록 저녁식사를 못해 허기가 들었지만 입맛이 없어 억지로 몇 숟가락 먹어 두었다. 내일을 위해 잠시 눈을 붙여보지만 깊은 잠을 이루지 못하고 H여사가 머리를 어지럽게 만든다.

이른 아침엔 이번 '우유니 소금사막 투어' 주관 현지 여행사와 경찰에서 나와 H여사의 사인에 대한 조사와 참고인 진술조서를 받고 사진

도 찍었다. 경찰의 사인 조사가 끝
났지만 시신을 염습할 장의사도
없었고 일행들도 절차를 아는 사
람이 없었다.

　나는 아버님이 돌아가셨을 때
염습을 지켜보았던 희미한 기억
을 더듬으며, H여사의 마지막 가는
길을 인도한다는 심정으로 정성껏 염
습을 했다. 타월을 깨끗이 빨아 몸을 씻은
다음에 수의 대신 고인의 옷으로 갈아 입히고 하얀 침대 시트로 몸을
감싸 머리 쪽부터 발목까지 차례로 내려오며 일곱 매듭으로 묶은 다
음, 가운데는 제일 나중에 묶어서 매듭을 지었다.

　12시간 정도밖에 경과되지 않았음에도 시신의 체액이 약간 비쳐 비
닐우비를 펴서 감쌌다. 관을 대신하여 본인의 침낭에 시신을 모시고
지퍼를 올려 잠그고 몇 번을 묶었다.

　랜드쿠르저 뒷 좌석에 시신을 옮겨 싣고 고인의 친구인 J여사와 박
소장을 우유니로 떠나 보낸다. H여사의 영전에 삼가 조의를 표합니다.
잘 가시오, H여사!

　H여사는 얼마 전 나에게 이런 이야기를 들려 주었었다. 24세의 젊은
나이에 결혼하여 시부모님을 모시고 살면서 27세에 첫 아이를 낳고 지
금은 슬하에 두 아들이 있다고 했다. 그동안 시부모와 남편 뒷바라지,
애들 교육에 신경을 쓰다보니 자기만의 생활을 갖지 못하였단다. 처음
에는 60세가 되면 자기생활을 갖겠다고 생각했으나 60세는 너무 늦은

것 같아, 50세로 앞당겨 여행을 시작했다고 한다.

작년에는 아프리카를 여행하고 돌아와서 말라리아에 걸려 한 달 이상을 치료받으며 고생을 했지만 아프리카 여행을 후회하지는 않았다고 했다. 그리고 이번 중남미 여행도 너무 행복하다고 말했었다. 53세의 중년의 나이로 너무 일찍 세상을 떠났지만 본인 좋아하는 여행을 즐기다가 간 H여사는 어떻게 보면 행복한 여인인지도 모른다.

A여행사의 배낭여행 미팅에서 H여사를 처음 만나 인사를 나누었다. 그리고 34일 동안을 같이 여행하면서 항상 해맑은 웃음으로 상대방을 편하게 대해 주었던 H여사가 이렇게 갑자기 떠나다니 덧없는 인생의 무상함을 느끼어 나도 모르는 사이에 눈물이 앞을 가린다.

지금까지는 똑같은 목적을 가지고 여행을 즐기는 동행자였으나 오늘부터는 서로의 갈 길이 달랐다. H여사는 자유와 평화가 가득한 천국으로, 나는 또다시 배낭을 짊어지고 발길 닿는 대로 정처 없이 가고 있다.

어제 마을에 도착했을 때는 어둠이 깔리고 우박과 소나기가 쏟아져 마을 전경을 볼 수 없었다. 오늘은 아침부터 쾌청한 날씨로 마을을 둘러보기에 더 없이 좋았다. 안데스 산자락에는 밤새 내렸던 하얀 눈이 소복히 쌓여 여백이 넉넉한 한 폭의 산수화처럼 보인다.

H여사를 떠나보낸 후, 9시 30분 경 고통과 절망을 안겨주웠던 '산후한' 마을을 뒤로 하고 우유니 사막 이틀째 투어에 나섰다. 자동차가 끝없이 이어지는 황무지 사막의 울퉁불퉁한 자갈밭 길과 움푹 파인 웅덩이를 지나갈 때는 장애물 경주를 하듯 기우뚱거리며 가고 있다.

사막 가운데 생김새가 낙타와 비슷한 송아지 크기의 야마 무리가 향나무의 거친 잎을 한가롭게 따먹고 있다. 앞뒤로 솟아오른 민둥산의 황토빛과 초록빛이 하늘에 두둥실 떠다니는 뭉게구름과 절묘하게 조화를 이루어 아름다움을 연출해 낸다. 자갈밭 사막지대를 지나니 중앙 아시아의 파미르 (pamir)고원을 연상하리만큼 고운 모래 평원이 펼쳐지고 완만한 구릉지대를 따라 정상에는 만년설을 이고 있다.

"치구아나" (Chiguana)에 주둔하고 있는 볼리비아의 군 검문소에 도착하여 내려서 군부대 막사로 안내되어 줄을 서서 소지품 검사와 여권을 확인받았다. 볼리비아 경제가 어렵다보니 군인들은 6·25때 본 인민군 복장같은 차림을 하고 있으며, 담배를 가지고 있으면 달란다.

군기지 옆으로 우유니와 칠레의 '깔라마' (Calama)를 연결하는 단선 협객 선로가 초라한 모습으로 지나가고 있다.

차는 다시 남쪽을 향해 출발하여 사막의 경사면을 통과하며 고도를 높여 고개를 넘으니 해발 5,865m의 '오래구에' (Ollague) 화산을 조망할 수 있는 바위언덕에 멈춘다. 가파른 고개에서 더 높은 곳으로 오르니 더욱 황량한 풍경이 나타난다. 안데스는 얼마 남지 않은 주어진 시간에 그 진면목을 남김없이 보여주려고 작심한 듯하다.

12시경에 "라구나 카나파" (Laguna Canapa)에 도착하니 각각 다른 색깔로 치장한 아름다운 호수가 나온다. 카나파 호수는 적갈색의 산

우유니 소금 사막 투어

그림자의 반영이 보라색으로 빛나고 기슭에 깔려 있는 하얀 소금 띠, 연두빛 잡초, 파란 하늘과 함께 황홀한 경치를 만들어 내고 있다. 호수 위에는 플라밍고 무리가 시간도 잊은 듯 유유히 노닐며 수영을 즐긴다.

샌드위치로 점심을 해결하고 오후 1시에 출발한 자동차는 '라구나 치아르 코타' (Laguna Chiar Kota)의 푸른 호수와 '라마디타스' (Ramaditas)의 초록색 호수를 스치듯 지나간다. 차창 밖의 경치에 지칠 무렵 넓은 벌판 한 가운데 붉은 바위 층이 나타난다.

이곳이 '비스카치라스' (Viscachillas)라는 바위로 '비스카차' (Viscacha)가 바위 사이를 오가며 서식하고 있다. 비스카차는 토끼 모양의 친칠라의 일종으로 쥐를 닮은 긴 꼬리를 갖고 있으며 관광객이 던져주는 빵 부스러기도 잘 받아 먹는다.

  자동차는 다시 30분을 더 달려 "실로리" 사막 가운데 기기묘묘한 바위들이 모여 있는 곳에 도착하였다. 화산의 분출로 생긴 바위가 안데스산맥에서 불어온 모래바람에 깎이고 닳아 여러 형태로 변한 것이다. 초현실주의 화가의 이름을 따 'Salvador Dali Rock' 이라 부른다.

  실로리 사막에 핵폭탄을 터뜨려 버섯 모양의 구름이 올라가는 형상을 연출한 기암괴석이 서 있다. 'Abol de Piedra' 는 '돌의 나무' 라는 뜻으로, 풍화작용이 만들어낸 적갈색의 돌 버섯이다. 이곳을 지나가는 관광객들은 반드시 그 옆에 서서 사진을 찍고 가는 랜드마크이다. 이 돌의 나무는 볼리비아를 대표하는 상징물로 홍보책자나 관광엽서로 제작해서 팔고 있기도 한다.

  오늘 하룻밤을 묵고 갈 "라구나 코로라다" (Laguna Colorada) 마을에는 오후 5시경에 도착하였다. 마을 초입에 있는 국립공원 관리 사무실에 들려 1인당 5달러를 내고 입장권을 받았다.

  숙소는 흙벽돌을 엉성하게 쌓아올려 만든 창고 같은 방에 2층 침대 6개를 놓아 12인용 도미토리로 꾸며져 있는 방이 3개가 있다. 이곳은 개인이 방을 구하기는 어렵고 여행사가 우유니 소금사막 투어 전용 숙소로 마련해서 매일 같이 사용하

라구나 코로라다의 소금 동산

우유니 소금 사막의 플라밍고

고 있다. 숙소의 위생환경은 불결하기 짝이 없다. 특히 화장실은 창고에 양변기 하나가 설치되어 매일같이 30명 이상이 사용하는데 불결하기가 이루 말할 수 없다.

라구나 코로라다는 치구아나에서 남쪽으로 151km 지점에 있으며 고도는 4,278m이고 면적은 48㎢에 이른다. 이곳 숙소에서 500m 거리에 붉은 빛깔의 실로리 호수에는 수 백 마리의 플라밍고가 먹이를 찾아 분주하게 자맥질을 하는 모습을 볼 수 있다.

호수 옆에는 소금동산이 3~4m 높이로 형성되어 바위처럼 단단하게 응고되어 있다. 노을진 석양빛을 받은 실로리 호수는 분홍빛으로 물들고 붉은 깃털의 날개를 펴고 기상하는 플라밍고는 쌍무지개 다리 밑을 선회하며 비행한다.

DATE 서른여섯번째날 (오전)

새벽 4시 30분에 기상하여 서둘러 배낭을 자동차 지붕에 싣고 5시 30분에 라구나 코로라다 숙소를 출발한다. 새벽같이 출발한 이유는 동

트기 전에 간헐천 (間歇泉) "솔 데 마나나" (Sol de Manana)에 도착
하기 위해서이다. 차도는 없지만 랜드쿠르저들이 자주 다녔던 길이라
잘 닦아진 도로를 달리듯 전진해 나간다.

　Morning Sun이라는 뜻을 가진 간헐천(Geyser) '솔 데 마나나' 는 고
도 4,850m, 라구나 코로라다에서 남쪽으로 50km 거리에 있는 지열로
가열된 진흙 웅덩이가 해 뜨기 전에 끓어오르는 거품과 함께 유황의
증기를 지상으로 높이 뿜어 올리고 있다. 산등성이 곳곳에서 용암이

픽픽 소리를 내며 분
출된 수증기가 하늘
높이 뿜어 올려져 찬
란한 아침 햇살을 받
아 아름다운 광경을
연출해 낸다.

　이곳 간헐천은 해
가 뜨기 시작하면 분
출량이 줄어들고 오
전 8시경에는 활동을
중지한다고 한다.

　주변이 질척거려
등산화에 진흙이 많
이 묻어나 걷기에 부
담스럽고, 땅이 꺼지
거나 화상을 입을 우

우유니 소금 사막 투어 (간헐천)

려가 있어 매우 조심스러웠다. 손이 시릴 정도 추운 이른 아침 몸을 웅크리며 사진 몇 장을 촬영하고 다시 남쪽을 향하여 출발한다.

동녘 하늘에 밝아오는 황금색 바늘 햇살이 눈을 따갑게 찌르고 신선한 공기가 고소로 시달린 머리를 개운하게 한다.

간헐천을 출발한지 30분만에 "테르마스 데 찰비리"(Termas de Chalviri)라고 하는 노천 온천에 당도하였다.

온천이라고 하여 잔뜩 기대를 하고 달려왔는데 너무 초라한 모습이다. 황량한 벌판에 다섯 평 정도 되는 물웅덩이 여기저기서 김이 모락모락 피어오르고 넘치는 물이 실개천으로 흘러간다. 온천의 깊이가 무릎에도 미치지 않고 수온도 30℃로 미지근하다.

그래도 관절염과 류머티즘에 효과가 있다고 하여 서양인들이 수영

리칸카부르 호수

복 차림으로 들어가 몸을 담근다. 나는 온천수에 머리를 감고 바지를 걷어 올려 발을 담그고 세수까지 하고 나니 모처럼 만에 기분이 상쾌해진다. 몇 조각의 빵과 커피 한 잔으로 아침식사를 대신하였다.

어저께 우유니로 떠났던 H여사의 영구차 (랜드쿠르저)가 밤새 소금사막을 달려와 다시 우리 곁으로 돌아왔다. H여사는 우유니 병원에서 사인검사를 받은 후 정식으로 입관되었다고 한다.

고인이 한국으로 돌아가려면 화장되어 유골로 가족의 품에 안길 수밖에 없는 상황이다. 그러나 볼리비아는 화장문화가 없어 국경을 넘어 칠레로 가야 화장이 가능하나 여러 가지 국제적인 문제가 있어 어려움이 많았다.

가족들이 지구의 반대 편에 있는 이곳까지 오기는 어려운 상황이고, 고인의 시신을 한국까지 운구하는 것도 쉽지 않다고 한다. 다행히 서울에 있는 가족들과 연락이 되어 이곳에서 잘 처리하라는 답을 받았다고 한다.

칠레 국경을 향하여 영구차를 앞세우고 우유니 사막투어의 마지막 목적지인 **"라구나 베르데"** (Laguna Verde)로 출발하였다. 볼리비아 남서 국경의 고원, 6,000m에 이르는 불모의 산들은 갈색과 보라색, 연두색이 조화되어 불가사의한 아름다움을 연출하고 있다. 그동안 완만하게 오르던 길이 고개를 넘으며 조금씩 내리막길로 이어진다.

라구나 베르데 뒤에 높이 솟아있는 5,960m의 **"리칸카부르** (Licancabur) **화산"** 이 그 모습을 드러낸다. 활동을 멈춘 사화산으로 분화구는 직경 400m의 호수가 만들어져 세계에서 가장 높은 산정호수이다. 불모의 고원에 이처럼 눈부신 비경을 만날 수 있다니, 차는 약간 높은 평지에서 호수를 내려다 본다.

고도 4,350m, 짙은 청록색 호수는 뒤에 당당한 리칸카부르를 배경으로 거느리고 숨은 듯 조용히 모습을 보여준다. 에메랄드빛 짙은 녹색 호수는 태양의 그림자와 바람결에 따라 적갈색 또는 비취색으로 바뀌는 진귀한 현상이 나타나기도 한다.

오전 10시경 볼리비아 국경에 도착하여 칠레의 국경도시 '산 페드로'(San Pedro)를 가려는 관광객을 실어나를 버스에 오르려는 순간, H여사의 시신을 받기를 거절한다. 그렇다고 고인의 시신을 놓고 우리만 갈 수는 없는 일이 아닌가?

모두가 논의한 끝에 박소장이 먼저 칠레로 가서 대사관에 협조를 얻기로 하고 혼자 떠났다. 우리는 H여사의 시신과 함께 볼모로 잡혀 오도가도 못하는 신세가 되었다.

칠레 정부의 선처가 있기를 기다리고 있으나 오늘이 토요일 휴무일이라 불안한 생각이 앞선다. 또한 한국 칠레 대사관이 어떻게 협조하느냐가 관건이 될 것 같다. 산 자 보다는 죽은 자의 영혼이 국경을 넘기가 훨씬 어렵다는 것을 처음 느껴 본다.

H여사의 영혼이 이역만리 볼리비아에서 칠레를 연결하는 실로리 사막의 구천을 헤매고 있다.

H여사가 남겨 놓은 일기장에 '여행 중 죽게 되면 화장을 해서 태평양에 뿌려주어 죽어서도 자유롭게 여행할 수 있게 해달라' 고 씌어져 있어, 본인의 죽음을 미리 예견이라도 한 듯한 느낌이 들어 안타까운 마음 금할 길이 없다.

황량한 실로리 사막의 끝없이 펼쳐지는 황무지 위에 사무실과 숙소로 사용되는 창고 같은 2동의 건물이 있다. 이곳에서 우유니 소금사막 투어 관광객이 도착하는 시간에 맞추어 산 페드로까지 운행하는 버스가 대기하고 있다. 칠레로 빠지지 않은 관광객은 이곳에서 우유니로 되돌아가게 된다.

실로리 사막의 내리 쬐는 햇볕은 따갑고 그늘에는 차가움을 느끼게 한다. 강풍의 황사가 열기를 불어넣고 시야까지 가려 짜증나게 만든다. 지루한 침묵의 시간은 계속 흐르고 오늘밤을 어떻게 이 황량한 사막에서 보내야될 지 대책이 서지 않는다.

오후 5시경 칠레 쪽에서 짚차와 미니버스가 국경을 향하여 뿌연 먼지를 일으키며 달려온다. 결국 한국 영사관의 협조로 칠레 정부의 승인을 받아 고인의 시신이 국경을 넘을 수 있게 되었다.

칠 레 ·
아르헨티나

서른여섯번째날 (저녁)

안데스산맥 4,000m 이상의 고원지대에서 국경을 넘어 칠레 쪽으로 접어들면서 2,440m의 저지대로 내려가며 안데스를 벗어나고 있다.

지금까지 볼리비아는 길 없는 실로리 사막을 터덜거렸고, 칠레 쪽은 깨끗한 아스팔트 포장도로로 양국의 국력 차이가 실감난다. 사람 자체가 지금까지는 안데스를 중심으로 한 잉카족이었다. 그러나 칠레 쪽으로 넘어 오면서 남미라기보다는 모든 의식주 구조가 서양인 중심의 유럽풍이다.

멀리 보이는 '아타카마'(Atacama) 넓은 사막을 향하여 일직선 경사도로 42km를 1시간 정도 달렸다. 오후 6시경 산 페드로 입구에 도착하여 출입국 관리소에서 입국신고를 했다. 마약으로 유명한 볼리비아 국경을 넘어 왔기 때문인지 세관 직원이 배낭을 샅샅이 뒤지며 검사를 한다.

출입국 관리소에 도착하자 칠레 측 경찰은 H여사의 관을 열어 시신을 확인하고 돌아간 후 고인의 시신을 병원 영안실에 안치하였다. 이제 가족의 화장 동의서가 도착하면 화장시설이 있는 '안토파가스타'(Antofagasta)로 옮겨 화장절차를 거쳐 3일 후 귀국될 예정이라고 했다.

"산 페드로"(San Pedro)는 세계에서 가장 건조한 지대인 '아타카마' 사막에 있는 오아시스 마을로 이 부근 관광의 거점이 되는 곳이다. 인구는 1,500명 정도가 살고 있으며, 칠레에서 가장 오래된 마을이다. 차도와 보도의 구별이 없는 좁은 길에 흙벽돌 단층으로 이루어진 시골 마을이다. 바람이 불면 흙먼지가 마을 전체를 뿌옇게 덮어씌워

'뱀장어의 나라'로 불리는 길쭉한 칠레의 모습은 남미 태평양 연안의 절반을 차지하고 있다.

총 길이 4300㎞에 달하는 긴 국토는 그만큼 위에서부터 아래까지 다양한 자연과 문화를 간직하고 있다.

북쪽의 페루와 볼리비아에서 이어지는 아타카마 사막과 동편 안데스 산맥은 밤낮의 기온차가 크고, 수도인 산티아고를 중심으로 한 중부는 비옥한 해양성 기후를 가지며 초원과 농경의 주요 장소가 된다.

그리고 남쪽으로 아르헨티나와 나누고 있는 파타고니아 지방과 마젤란 해협 주변은 특유의 한류 생태계와 깨끗한 대자연을 바탕으로 관광 사업을 비롯한 여러 산업의 중심이 되고 있다.

국토 전체의 기후는 다양하고 장미와 포도주의 나라라고 불릴만큼 양질의 농산물이 생산된다.

1. 공식국명 : 칠레 공화국
2. 수도 : 산티아고
3. 시차 : 한국보다 13시간 늦다
4. 통화 : 화폐단위는 페소(Peso)이며, 기호 또한 Peso를 사용한다.
5. 주요언어 : 스페인어
6. 종교 : 카톨릭 77%, 개신교 12%

눈뜨기가 어려워 길거리에 오가는 사람이 거의 없다.

출입국 관리사무소에서 도보로 10분 거리에 있는 마을에 숙소를 정하고 오랫만에 공동 욕실에서 더운물로 샤워를 했다. 주변 슈퍼마켓에

들러 소고기와 술을 몇 병 사다가 안
주를 만들어 일행들과 한 잔의 술로
고달픈 심신을 달래본다.

　우리 일행은 16일 동안 안데스산
맥을 넘으며 고소증으로 인한 심장마
비로 H여사를 잃었다. 지금까지 일행들은
그 충격에서 벗어나지 못하고 심신의 상처가 심
해 나머지 여행 일정에 의욕을 잃고 갈등을 빚는 모습들이다.

　4000~5000m의 고원지대에서 2000m대로 고도가 낮아짐에 따라 이
제부터는 고소증에서 완전히 벗어날 수 있다. 그러나 일행들 대부분이
3일 후 H여사의 유골을 안고 귀국하기로 마음을 정한 것 같다.

　일행 모두가 귀국하겠다고 하니 내 마음도 귀국 쪽으로 가닥을 잡아
간다. 전화로 마누라에게 H여사의 일과 함께 그런 연유로 중간에 귀국
할 것이라 하니 "그런 용기도 없이 여행을 갔느냐"고 오히려 질책을
한다. 마누라의 말 한 마디가 나에게 용기와 자신감을 주어 혼자서라
도 원래 계획대로 여행을 계속하기로 마음을 굳혔다.

DATE **서른일곱번째날**

　오전에 휴식을 취하면서 그동안 미루어 두었던 옷가지를 세탁하며
한가한 시간을 잠시 보낸다. '칼라마'(Calama)행 버스 예약과 환전을
하려고 시내로 나간다. 오늘이 일요일이라 은행들이 문을 닫아 사설

환전소인 '캄비오'를 찾았는데, 캄비오마다 환율이 제각기 다르다. 원래 공정환율은 1달러에 640페소 (Peso)이나, 처음 찾아 들어간 캄비오는 500페소를 또 다른 캄비오는 560페소를 교환해 주겠다니 차이가 너무 심한 것 같다. 사설 캄비오들이 지나치게 높은 폭리를 취하는 것 같아 60달러만 환전하였다.

시내라고 해봐야 반경 300m 이내의 조그마한 마을로 볼거리가 별로 없다. 버스터미널에 들러 오후 6시에 출발하는 칼라마행 버스티켓을 1,000페소에 끊고 숙소로 돌아왔다. 햇볕이 얼마나 따가운지 오전에 세탁한 빨래가 바싹 말랐고, 햇볕에 내놓은 등산화 앞부분 고무가 녹아내려 밑바닥 창이 너덜거린다.

일행들과 36일 동안 서로 의지하며 여행을 같이했는데 대부분 귀국길에 오르고 세 아가씨와 나 이렇게 4명만이 남아 여행을 계속하기로 했다.

귀국팀과 아쉬운 작별을 고하며 귀국해서 다시 만나기로 약속을 했다. 귀국팀들은 우리들의 여행이 즐겁고 무사히 끝 마치기를 진심으로 기원해 주었다.

배낭을 앞뒤로 메고 버스터미널까지 15분을 걸어 가다보니 이제부터 진짜 배낭여행이 시작된 느낌이 든다. 내 나이에 마음을 비워도 되련만 미지의 세계에 대한 끝없는 도전과 응

칼라마에서 산티아고로 가기 위해

전의 반복으로 이어진 용기가 나의 한계를 시험하는 듯하다.

오후 6시에 출발할 칼라마행 버스가 어디서 출발했는지 승객을 가득 태우고 들어오지만 예약된 내 좌석을 찾아 앉았다. 정시에 출발한 버스는 언덕을 올라 달의 계곡을 스치며 "아타카마 사막"으로 접어들었다.

이곳은 건조하고 황량한 사막으로 미국이 NASA의 행성 탐사선 Nomad를 실험한 장소가 이 부근이란다. 멀고 가까운 불모지 언덕이 보이는 황야를 지나 북쪽으로 가물가물 지평선이 보인다. 산이 낮게 깔린 서북쪽으로 눈이 닿는 끝까지 직선 도로가 뻗쳐있다. 버스는 1시간을 달려서 황량한 사막의 2,200m 고원에 외롭게 자리잡고 있는 오아시스의 도시에 도착하였다.

우선 가이드북에 나와 있는 요금이 싼 숙소를 찾아 헤매다 중앙광장에서 도보로 10여분 거리에 있는 'Residencial John Keny'에 하루 밤 5달러를 주기로 하고 짐을 풀었다. 환경이 불결하고 오래된 건물로 욕실과 화장실을 공동으로 사용하는 저급 숙소이다.

이곳 "칼라마"는 두 시간 정도면 다 돌아볼 수 있는 사막의 작은 도시이다.

밤이 되면서 번화가인 '라토레'(Latorre)에는 사막답지 않게 제법 레온싸인이 길거리를 대낮같이 밝혀주고 있다. 도로 양쪽으로 레스토랑과 노변카페가 죽 늘어서 있고 젊은 남녀들이 담배를 꼬나물고 생맥주를 마시는 폼들이 숙달되어 보인다. 라토레에서 한 블록 정도 더가면 중앙광장이 나오고 이곳에도 많은 사람들이 삼삼오오 모여서 밤새는줄 모르고 이야기꽃을 피우고 있다.

지금까지 거쳐왔던 어느 도시보다도 사막의 열악한 환경을 잘 극복하고 녹색의 도시로 꾸며 놓았다. 사막이라는 생각이 전혀 들지 않았다.

칼라마 근교에 가 볼만한 곳은 엘로아공원과 추키카마타 구리광산, 달의 골짜기 등이 있으나 그리 좋은 관광지는 아니다. 이곳에는 공항이 있어 칠레 북부에 위치하고 있는 우유니 사막을 투어한 사람들이 국경을 넘어 산 페드로를 통과 칼라마로 이동하여 항공편으로 산티아고로 들어가는 관문이라 할 수 있다.

칼라마는 세계 최대의 **"추키카마타"**(Chuquicamata) **노천 구리광산**으로 형성된 도시이다. 시내에서 북쪽으로 15km에 있는 추키카마타는 고도 2,830m로 안데스 서쪽 경사지에 자리잡고 있는 인구 12,000의 광산촌이다. 세계 제일의 구리 생산 기업체인 'CODELCO' 의 산하 광산으로 1915년 미국계 '애너콘다' 회사에 의해서 개발된 이래 광석의 채취부터 선광, 제련, 정련 등 모든 공정에 걸쳐 각종 플랜트가 지속적으로 확장되어 왔다. 지금은 칠레 경제를 지탱하는 구리산업의 중심으로 자리를 잡고 있다.

현지에서는 '추키'(Chuqui)라는 애칭으로 통하는 이 광산은 매장량이 27억 톤에 이르며 1년에 정련된 구리 63만 톤과 모리부덴 1만5천톤을 생산하고 있다. 3.12톤의 바위에서 1톤의 구리 광석이 선광되고 거기서 10kg의 정련된 구리가 나온다고 하니 1년에 2억 톤 가까운 바

추키카마타 구리광산

위를 캐내고 있는 셈이다. 이 광산에는 우리나라 '태성기공' 에서 제작한 열 병합 발전 보일러가 설치돼 있다고 한다.

오전 10시경 칼라마 시내에서 택시로 15분 거리인 추키카마타 노천 구리광산 투어에 나섰다. 가이드북에 보면 약 3시간 정도 채석을 해서 구리로 생산되는 공정을 보여준다고 되어 있으나 3시간을 기다려 2시간을 볼 수 있었다.

먼저 비디오로 20분 동안 보고 견학에 관한 자세한 설명과 주의사항을 듣는다. 헬멧과 긴 팔 셔츠, 보안경 등을 착용하고 공장 내부로 인솔되어 작업 과정을 지켜볼 수 있었다. 밖으로 나와 다시 버스를 타고 공장 내 가장 높은 곳에 사열대같이 만들어 놓은 전망대로 올라간다. 아래로 전개되는 넓은 노천 채굴장의 모습이 눈에 들어온다.

　길이 4.5km, 폭 1.5km에 깊이가 500m나 된다는 타원형 채석장은 계단식 밭같이 단을 지어 밑으로 내려가고 광석을 실어 나르는 덤프트럭이 개미같이 경사로를 기어 올라온다. 채굴장 바닥에서는 작은 점으로 보이는 트럭 몇 대가 느리게 작업을 하고 있다. 채굴장의 크기에 눌려 개미보다도 작게 보였던 트럭이지만 옆에 서 보니 내 모습이 너무 왜소하게 느껴진다.

　갑자기 사이렌 소리가 울리더니 멀리 능선 쪽에서 회색 연기가 오르며 둔탁한 폭발음이 일대의 공기를 진동시킨다. 암석을 다이너마이트로 발파한 모양이다.

　추키카마타의 공해문제에 관해서는 아직도 개선할 여지가 많은 것 같다. 생산 과정에서 발생하는 화학 성분, 건조한 토양, 강력한 바람은 공장 안에 수시로 안개 먼지를 일으킨다. 'CODELCO' 에서도 근년에는 환경 문제에 각별히 관심을 갖게 된 듯 하다. 금년부터 5년에 걸쳐 3억\$를 투자하여 광산에서 발생하는 각종 공해요인을 제거할 설비를 갖추어 나가겠다고 한다. 공장 마당과 도로에도 물차가 다니며 살수를 하는 광경이 수시로 눈에 뜨인다.

추키카마타 구리광산

오후 3시경에 추키의 산업시찰을
마치고 나오면서 기대만큼 볼거리
가 많지 않아 약간 실망스러운 생각
이 들었다.

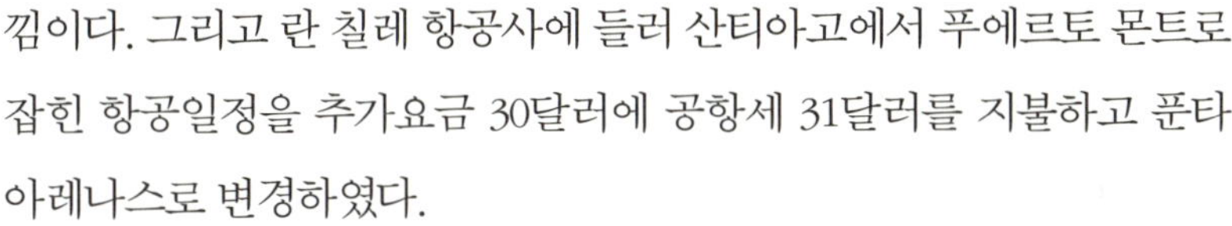

경사진 광산촌 마을길을 따라 내려
오다 은행에 들러 처음으로 카드를 사용
하여 6만 페소를 뽑으니 호주머니가 든든한 느
낌이다. 그리고 란 칠레 항공사에 들러 산티아고에서 푸에르토 몬트로
잡힌 항공일정을 추가요금 30달러에 공항세 31달러를 지불하고 푼타
아레나스로 변경하였다.

지금까지 페루의 쿠스코에서 시작하여 볼리비아를 거쳐온 15일간
의 육로 여행을 오늘로 마감하고 내일부터는 다시 비행기 여행이 시작
된다. 콜렉티보를 타고 오후 5시경에 칼라마 시내로 돌아와 중앙 광장
으로 주변을 돌아본다.

플라자 앞 메인 거리에 'Koreakhan' 이라는 큰 상점이 있다. 간판으
로 봐서는 한국 사람이 경영하는 상점 같아 안으로 들어가 종업원에게
물어보니 주인은 한국인이 아니란다.

유흥가가 밀집되어 있는 뒷골목 길을 따라 들어가니 문신만 전문적
으로 하는 두 평 남짓한 미장원 같은 점포들이 성시를 이루고 있다. 주
로 젊은 아가씨들의 가슴과 신체 주요 부위에 꽃과 동물을 묘사한 문
신을 새겨 넣어 자신의 미와 강인함을 그림으로 표현한다고 한다. 문
신하는 장면을 디지털카메라로 촬영할 수 있도록 포즈도 취해 주는 여
유를 보이기도 한다.

칠레 (Chile)의 수도인 산티아고 (Santiago)행 비행기를 타려고 이른 아침부터 서둘러 시내에서 택시로 10여분 거리에 위치한 공항으로 4,000페소를 주고 갔다. 칼라마 공항은 사막 한 가운데 외로이 자리하고 있어 쓸쓸해 보인다.

30분 거리라고 하여 서둘러 나왔으나 너무 일찍 나왔는지 공항 대합실에는 직원도 없고 탑승객도 보이지 않는다. 10시 15분발 비행기라 8시 30분쯤 되자 승객들이 하나 둘씩 나오기 시작한다. 그러나 탑승 수속을 받고 산티아고를 향해 이륙할 때까지도 승객이 많지 않아 빈 좌석이 많았다.

예정된 시간에 이륙한 란 칠레 (Lan Chile) LA 343편은 아타카마 넓은 사막 위로 순식간에 날아오른다. 눈 아래 가득히 황갈색 대지가 따가운 햇빛을 받으며 빛나고 있다. 비행기는 떴다고 생각하는 사이 다시 하강에 들어가더니 30분 비행 끝에 '안토파가스타' (Antofagasta) 공항에 내려앉는다.

이곳은 삼면이 사막과 황야로 둘러싸인 인구 23만의 항구도시로 칠레 북부의 최대 도시이자 이 지역의 무역,

산티아고시내 (인간 마네킹)

상업, 문화의 중심지이다. 1880년
대 태평양전쟁으로 볼리비아에서
칠레 영토로 편입된 후 추키에서
생산되는 구리와 더불어 초석과
은, 비료 등을 실어 내는 수출 항
구로 발전해 왔다.

안토파가스타 공항에 30분 정도
기착했던 비행기에는 새로운 승
객이 오르고 다시 비행이 시작되
었다. 아타카마 사막을 가로질러

산티아고시내 (인간 마네킹)

해안을 따라 산티아고 공항에 오후 12시 50분에 도착한다.

칠레에서 아시아나 여행사를 경영하고 있는 김봉중 사장에게 전화
를 했더니 공항까지 자동차 2대를 가지고 나왔다.

1시간 후에 어제 '안토파가스타'에서 H여사의 시신 화장을 마친 일
행들이 유골을 하얀 보자기에 싸서 안고 들어왔다. 일행들의 말에 의
하면 H여사는 평소 본인의 소망대로 태평양이 바라보이는 안토파가
스타의 아름다운 해변에서 화장되어 천국으로 갔다고 전한다.

김사장의 2대 차량에 나누어 타고 '아르투로 메리노 베니테스' 국제
공항에서 산티아고 시내까지 26km 거리를 30분 동안 달려 아시아나
여행사에 도착하였다.

조금 후 김사장의 집으로 초대된 우리는 오랜만에 돼지고기 볶음에
된장찌개, 김치 등 고국 맛을 느낄 수 있는 식사를 했다. 38일만에 맛
본 한국의 음식은 어느 값비싼 고급요리보다도 맛있고 고국의 내 집에

돌아온 듯 아늑한 느낌을 안겨 주었다. 김사장은 18년 전 산티아고에 와서 아시아나 여행사를 경영하며 성실한 삶을 살았기 때문에 교포사회에서도 성공한 인물이다.

오후에는 우리 일행을 김사장이 운영하는 여행사 직원으로 하여금 시내투어 안내를 해 주도록 세심하게 배려해 주었다.

칠레는 남북의 길이가 4,300km인데 비해 동서의 폭은 불과 180km밖에 되지 않는 뱀장어 같이 가늘고 긴 나라이다. 또한 페루의 남쪽과 태평양에 연해 있고 볼리비아 · 아르헨티나와 국경을 인접하고 있다.

북쪽의 아타카마 사막에서 시작하여 국토를 종단하며 남쪽 파타고니아로 내려가면 피오르드와 만년설 그리고 빙하로 황량해진 팜파스까지 나타나고 그 끝이 남극 대륙이다. 한국에서 볼 때 지구 정 반대편에 있는 나라가 칠레이고 시차도 한국보다 13시간이나 늦다.

칠레의 인구는 1,600만, 산티아고의 인구는 560만, 우리 교민은 1,800명이며, 칠레의 GNP는 3,500~5,000달러 정도 되는 남미의 선진국이다.

"산티아고" (Santiago)는 페루의 정복자 'Francisco Pizarro' 의 막료 'Pedro de Valdivia' 에 의해서 1541년 건설된 칠레의 수도이자 남미 제4의 도시이다.

산티아고는 칠레 육지의 중심에 위치하고 표고가 520m이며, 지중해성 온난한 기후로 일 년 중 300일 이상이 맑은 날씨이다.

그러나 안개가 많고 5,000m이상 되는 안데스산맥이 통풍의 길을 가로막아 오후에는 도시 상공을 덮는 안개와 스모그현상으로 안데스 경관을 못 보는 경우가 많다.

비구름이 안데스산맥에 걸려 눈으로 내리기 때문에 항상 아름다운 만년설을 볼 수 있고 비는 적으나 눈이 녹아 내려 시내 북쪽을 따라 동서로 흐르는 '마포초'(Mapocho) 강에는 물이 넘쳐나고 있다.

산티아고는 동서로 40km, 남북으로 50km에 걸쳐서 시가지가 펼쳐지는 대도시이다. 도보로 산티아고의 구 시가지를 돌아보며 "아르마스 광장"으로 안내되었다. 원래 아르마스 광장 주변을 중심으로 도시가 건설되었고, 양쪽으로 마포초강이 흘렀지만 현재는 한쪽만 살아있고 다른 한쪽은 산티아고에 알라메다 중심 길로 변하여 꼭 바둑판 같다.

아르마스 광장

시민의 휴식처인 광장에는 많은 사람들이 나와서 한가로운 시간을 보내고 있다. 광장 주변에는 역사적으로 중요한 건물들이 밀집되어 있다. 16세기에 건축된 대성당 '카테드랄'(Catedral)을 비롯하여 19세기 중반의 중앙우체국과 시청사, 1808년에 건축된 궁전을 국립 역사 박물관으로 사용하고 있다.

아르마스 광장 두상

산티아고 시내전경

  특히 거리마다 코너를 잘 활용해 예술성이 돋보이게 지어진 건축물
이 이색적으로 보인다. 아르마스 광장부터 남쪽의 오이긴스 거리까지
가 산티아고의 번화가로 보행자의 천국이다. 길 중앙과 양쪽에 가로수
와 꽃을 심었고 분수와 의자도 설치해 놓은 아름다운 산책로이다.

  길 중앙과 거리 양쪽에는 노점상들이 길바닥에 즐비하게 늘어서 있
는데,깔아 놓은 물건들은 담배 · 테이프 · 춘화도 · 장난감 · 과자 · 의
료품 · 각종 생활잡화 등 다양하다.

  거리의 예술가들이 팬플롯 같은 악기 '삼포냐' 와 '차랑고' 라 불리
는 미니 기타로 연주하는 '폴클로레' (민속음악)는 여행자의 가슴을
촉촉히 적셔준다.

다른 한 쪽에는 재미있는 이야기로 많은 사람들을 모아놓고 웃기는 그룹도 있다. 길 한복판에 전신을 페인팅으로 분장한 사람이 마네킹처럼 부동자세로 서 있어 행인들이 바구니에 동전을 던져주며 지나간다.

헌법광장과 자유광장 중간에 있는 **"모네다 궁전"** (Palacio de Ia Moneda)을 지금은 대통령 관저로 사용하고 있다.

모네다 (돈)라는 이름에서 알 수 있듯이 원래는 조폐국으로 1743년에 착공하여 1805년에 완성하였다.

1846년 마누엘 부르네스 대통령 때부터 대통령 관저로 사용했다고 한다. 1973년 피노체트 군부세력이 쿠데타를 일으켰고 아젠데 대통령이 최후의 요새로 삼은 모네다는 공중 폭격을 받으며 끝까지 저항하다가 자결한 역사적 현장이다.

모네다 궁전 정문 경비는 신장이 크고 체격이 좋은 미모의 여군이 서 있어 자유스러운 분위기로 그렇게 경비가 삼엄하지 않았다. 미모의 여군 경비병이 이방인과 같이 사진을 찍도록 포즈까지 취해 주는 서비스를 받았다. 우리나라의 청와대도 언젠가는 이렇게 자유롭고 평화스러운 분위기가 이루어지기를 기원해 본다.

석양에는 센트로의 동쪽에 높이 솟은 녹음이 짙은 언덕 위에 산티아고의 기초를 닦은 스페인의 정복자 '발디비아' 가 저항하는 인디오들을 대비하기 위하여

대통령 관저로 사용하고 있는 모네다 궁전

요새로 세운 **"산타 루시아"** (Santa Lucia) 언덕에 올랐다. 이곳에서 전투가 벌어졌다고 생각되지 않을 정도로 조용하고, 아름다움을 지닌 녹지공원이 잘 조성되어 있다. 또한 아이러니하게도 발디비아의 동상과 함께 이에 항거하던 아라우카노족의 추장 '카우포리칸' 의 동상도 서 있다.

조그마한 언덕이지만 정상에서 산티아고 시내를 한눈에 조망할 수 있는 곳이다. 평일인데도 연인들이 많이 올라와 데이트하는 모습도 볼 수 있고 산책 코스로 아주 좋은 곳으로 서울의 남산을 연상케 한다.

김사장의 안내를 받아 자가용으로 센트로의 북동쪽으로 뻗은 광대한 구릉지대가 자연공원으로 조성된 **"산 크리스토발"** (San Cristobal) 언덕으로 향했다. 공원의 넓이는 700ha 정도이고 표고는 880m이다. 정상에는 높이 14m의 하얀 마리아 상이 양 손을 벌리고 서 있다.

정상에서 바라본 시가지는 노을진 석양에 붉은 빛을 받는가 싶더니 금방 휘황찬란한 조명이 밝혀지며 불야성을 연출하는 야경이 펼쳐진다.

아름다운 야경에 취해 밤 10시가 넘어서야 시내로 돌아와 한국인이 경영하는 레

스토랑으로 안내되었다. 만찬
으로 싱싱한 생선회와 칠레의
명물인 포도주로 융성한 접대
를 받았다. 고맙고 감사하기보
다는 미안한 마음뿐이다. 입 안
에서 감칠맛과 사르르 녹는 듯
한 생선회와 달콤한 포도주 2병
에 취해서 정신을 잃었다.

산 크리스토발 언덕에서 본 시내 전경

마흔 번째 날

　지난 밤 과음으로 새벽 2시경 잠자리에 들어 너무 피곤했는지 늦잠
이 들어 아침 산책도 못했다. 김사장이 보내준 승용차를 타고 시내를
빠져 나오는데 도로를 통제하는 곳이 있어 공항까지 가는데 항공시간
에 늦을까봐 긴장되고 초조했다.

　다행히 12시 15분에 이륙하는 '푼타 아레나스'(Punta Arenas)행 LA
293편에 탑승할 수 있었다. 이 비행기는 칼라마에서 출발하여 안토파
가스타, 산티아고, 푸에르토 몬토를 경유하여 푼타 아레나스까지 가는
국내선으로 빈 좌석이 많았다.

　칠레의 남쪽 지방도시 '푸에르토 몬토'(Puerto Montt)에 잠시 경유
하려고 비행기는 날개를 접는다. 이곳은 산티아고에서 남쪽으로 약
1,000km지점에 위치한 인구 100만의 칠레 10번째 도시이다. 파타고니

아로 가는 관문으로 에메랄드빛 호수와 만년설을 머리에 인 아름다운 화산을 주변에 둔 고장이다.

40여분 동안 머물렀던 비행기는 다시 하늘로 날아올라 푼타 아레나스로 향한다. 비행기 좌측 창으로는 안데스 연봉의 만년설이 끝없이 펼쳐지고 우측 창 너머로는 저 멀리 태평양 푸른 물결이 아래로 내려다보인다. 저 속 어딘가에 파타고니아의 최고봉 피츠로이와 그리고 내가 찾아갈 파이네도 있지 않을까 찾아보기도 했다.

오는 동안 비행기는 기수를 남쪽으로 향해 계속 날며 안데스 은빛 설경의 장관을 보여주고 16시 30분 경 '푼타 아레나스'에 도착하였다.

'프레시덴테 이바네즈'(Presidente Ibanez) 공항에서 '푸에르토 나탈레스'(Puerto Natales)까지 가는 버스는 비행기 도착시간에 맞추어 온다. 그러나 그런 내용을 잘 모르고 1시간 정도를 서성거리며 기다리지만 버스는 오지 않았다. 공항 직원에게 물어보니 '푸에르토 나탈레스'를 가려면 반드시 '푼타 아레나스' 시내에 있는 버스터미널에서 '푸에르토 나탈레스' 행 버스를 타야 갈 수 있다고 한다. 1인당 1,500페소씩 주기로 하고 4사람이 택시를 합승하여 20km 떨어진 푼타 아레나스 시내로 향했다.

그동안 꿈 속에 그리던 남극이 가까운 바다 마젤란해협이 바로 차창 밖에 펼쳐지고 있다. 마젤란해협에서 불어오는 해풍이 뼈 속까지 파고들어 쌀쌀함을 느끼게 하지만 그래도 기분은 상쾌하다. 지구 남쪽 끝 푼타 아레나스 항구에 온 실감이 피부에 와닿기 시작한다.

우리나라는 남쪽으로 내려가면 따뜻하지만 지구 반대편 칠레는 북쪽으로 가면 따뜻하고 남쪽으로 내려가면 남극이 있을 뿐이다.

시내까지 오는데 30분이 걸렸는데 터미널이 따로 없고 버스회사 앞 도로변에 버스 한 대가 정차해 있다. 19시에 출발하는 '푸에르토 나탈레스' 행 버스표를 4,000페소에 구입했다. 버스 출발 시간까지 1시간 정도 여유가 있어 큰 배낭은 회사에 맡기고 주변을 돌아본다.

슈퍼마켓에 들러 닭다리 튀김과 빵, 콜라를 사서 슈퍼 입구 안쪽 바닥에 앉아 먹고 있으니 시장 보려고 나온 사람들이 힐끗힐끗 쳐다보며 지나간다. 어떤 관습이나 제도, 체면 따위에 얽매이지 않고 가장 자유스러워지기 위하여 나는 지금 여행하고 있다. 구속하는 모든 것으로부터 독립된 자유인이 되었기 때문에 나는 이 순간이 행복하다.

"푼타 아레나스"는 산티아고에서 남쪽으로 약 3,100km 떨어진 지점에 있는 인구 14만의 도시이다. 1520년 '에르난도 데 마가쟈네스' (Hernando De Magallanes)가 이곳 최남단 지역을 찾아온 첫 외국인이 였다고 한다. 이 항해자는 포르투갈인이었지만 스페인을 대표하여 아르헨티나 파타고니아에서 태평양하고 연결되는 해협을 찾았다. 그 뒤로 현재의 마젤란해협을 발견하였다.

이곳을 점령한 유럽인들은 원주민들이 방해가 된다고 생각하였다. 전염병 및 알코올 중독자로 만들고 심지어 원주민 사냥에 현상금을 걸고 살인을 자행해 원주민들이 거의 전멸되었다.

정해진 시간에 출발한 버스

칠레 출입국 관련 및 사증

비자가 필요없다. 관광을 목적으로 하는 경우 및 출장의 경우 30일까지 체류가 가능하고 이민국에서 1개월씩 연장 신청 할 수 있다. 출국시 입국할 때 받았던 출입국 카드의 뒷장을 여권과 함께 제출하면 된다.

는 순식간에 시내를 벗어나 인가가 드문 끝없는 초원으로 접어들어 **"파타고니아"**의 팜파스를 달린다. 남미대륙의 끝자락 남위 40도 이남의 땅 파타고니아는 대자연이 연출한 아름다운 경치를 자랑하고 있다.

면적이 110만㎢에 달하는 파타고니아는 남북으로 이어진 안데스산 맥을 경계로 칠레와 아르헨티나로 나누어진다.

남미대륙 태평양을 따라오던 8,000km의 세계 최장의 안데스산맥은 아르헨티나 Mendoza 부근에서 높이 솟아올라 Aconcagua 6,959m의 최고봉을 이룬 후 계속 아래로 달려 파타고니아 남부 Fitz Roy, Cerro Torre의 침봉과 Paine Massif의 일대 장관을 연출하느라 마지막 힘을 다 써버리고는 초라한 모습을 보여주기 싫다는 듯 마젤란해협 바다 밑으로 자취를 감추어 버렸다.

산맥을 사이에 두고 서쪽 칠레 파타고니아는 피오르드로 복잡한 해안선이 만들어지고 산과 호수, 빙하 등 변화가 많은 풍경을 형성한다.

반대로 동쪽 아르헨티나는 태평양에서 불어오는 서풍이 안데스를 만나 비를 다 뿌리고 건조한 바람만 가지고 넘어와 키가 작은 풀만 무성한 초원, 팜파스를 만든다. 산맥이 수그러드는 남쪽으로도 황폐한 들판이 펼쳐지고 있다.

밤 9시 20분 경 파타고니아의 먼 지평선 위로 불타는 노을을 남기며 해가 얼굴을 가리기 시작한다. 스산한 바람이 불어 대는 대평원에 가득 덮인 풀이 파도처럼 일렁인다.

몽고의 초원, 시베리아의 설원, 그리고 파타고니아의 팜파스는 평생에 한번쯤 달려 봐야할 삼대평원이라 하지 않았던가? 지금 나는 파타고니아의 대평원을 달리며 무한한 환희와 희열을 느낀다.

오늘의 목적지 푸에르토 나탈레스에는 밤 10시 20분 경에 도착하였다. 터미널에 도착하자 여러 유스 호스텔에서 나와 호객행위로 여행자 유치가 치열하다. 30대 초반의 부인을 따라 간 숙소는 허름한 2층 건물로 여러 사람이 방 하나를 같이 사용하는 도미토리이다. 계절적으로 관광시즌이 아니라 여행자가 적어 침대가 많이 비어 있다.

자정이 가까워지는데도 밝은 대낮같은 백야 현상이 나타나 길거리에 많은 사람들로 붐비고 있다. 하지만 하루 온종일 돌아다니느라 피곤했는지 그대로 잠자리에 들었다.

마흔한번째날

그동안의 무리한 여행 일정으로 몸 컨디션에 이상이 느껴져 오늘 하루는 휴식을 취하며 시내를 돌아보기로 마음을 정했다.

"푸에르토 나탈레스"(Puerto Natales)는 인구 2만도 안 되는 조그만 도시이지만 연중 관광객의 발길이 끊이지 않는 곳이다.

빙하 탐험과 '토레스 델 파이네' 국립공원으로 가기 위한 전 초기지이기 때문이다. 나 역시 이

푸에르토 나탈레스 공원

번 칠레 여행의 하이라이트로 누구나 한번쯤은 가보고 싶다는 세계적인 명산 토레스 델 파이네를 찾아가려고 한다.

오전에는 푸에르토 나탈레스 시내를 다니며 도보로 15분 거리에 있는 호수가로 나갔다. 호수를 병풍처럼 둘러싸고 있는 설산의 연봉들이 따사로운 햇볕에 반사되어 눈부시게 빛나고 있다.

호수에 드리워진 만년설의 반영이 살랑거리는 바람결에 일렁이며 수면 위로 잔잔한 파문을 그려나간다. 호수를 찾아 한가히 휴식을 즐기려는 여행객들이 바위에 걸터앉아 강호의 신선한 자연 경치를 감상하는 모습도 눈에 뜨인다.

이곳은 여름인데도 호수에서 불어오는 바람이 얼굴을 스치는데 제법 차가워 옷깃을 여미게 한다.

호수 가장자리의 선착장에는 몇 척의 투어 보트가 정박하고 승객을 기다리는데, 기다림에 지쳤는지 기사는 낮잠이 들고 말았다. 그 옆에는 어선 2척이 밤새워 잡아 올린 물고기를 부리느라 손길이 분주하게 움직인다.

파이네 국립공원 관광과 빙하투어에 참가하려고 현지 여행사를 몇 군데 둘러보고 숙소로 돌아와 주인 아주머니에게 물어보니 자기가 예약을 해주겠다며 걱정하지 말란다.

3박 4일 투어가 아니라 1일

푸에르토 나탈레스 호수

투어로 첫째날은 '토레스 델 파이네' 국립공원, 둘째날은 아르헨티나
'깔라파테' 빙하, 셋째날은 '발마세다' 국립공원을 돌아오는 투어 상
품을 예약하였다.

 ## 마흔두번째날

　이른 아침부터 서둘러 **"토레스 델 파이네"** (Torres del Paine) 국
립공원 투어 참가하기 위하여 작은 배낭에다 옷가지와 간식, 디지털
카메라 등을 챙겼다. 숙박료에 아침식사가 포함되어 있어 프론트로 내
려와 테이블에 앉으니 구운 토스트 몇 장과 잼이 나온다.

　7시까지 오기로 한 기사가 마이크로버스를 유스 호스텔 앞에 대기
시켜놓고 빨리 차에 오르란다. 마이크로버스는 시내 몇 군데 호스텔을
돌아다니며 예약된 손님을 태우고 파이네로 향한다. 오늘 투어를 같이
할 동행자는 13명인데 여러 나라 사람으로 구성되어 있다.

　우리가 탄 차는 호수를 끼고 달리는데 황록색 평야로 들어서고 차창
넘어 멀리 안데스 남단의 만년설이 파노라마처럼 펼쳐지고 있다. 아침
햇살을 받은 눈 덮인 파이네의 연봉이 유리알처럼 맑고 투명한 대기로
먼 곳까지도 뚜렷하게 보인다.

　푸에르토 나탈레스를 출발한지 약 40분만에 북서쪽으로 24km 떨어
진 'Milodon' 동굴에 도착하였다. 차에서 내려 공원 관리사무소에 1인
당 입산료 2,000페소를 지불하고 큰 나무와 바위 사이로 난 오솔길을
따라 500m 정도 걸어가면 높은 절벽 밑에 커다란 동굴 입구가 나온다.

칠레 상공에서 바라본 만년설

　동굴의 깊이가 200m, 폭 80m, 높이가 30m인 이 거대한 동굴은 호랑이가 입을 크게 벌리고 있는 것처럼 보인다. 왼쪽으로 들어가 내부를 한 바퀴 돌아 오른쪽으로 나오지만 특별한 볼거리는 없다. 입구에 곰을 닮은 거대한 동물 밀로돈이 실물 크기로 박제되어 관광객을 맞이하고 있다.

　동굴에서 내려와 다시 마이크로버스에 올라 산길의 구릉을 오르내리며 습지를 지나간다. 차창 밖 도로변에 '구아노꼬'(Guanoco : 노루) 무리가 군데군데에 떼를 지어 한가롭게 풀을 뜯는 모습이 눈에 들어온다.

　기사는 중간 중간에 차를 멈추어 가까이 접근해서 사진을 찍도록 편의를 제공해 준다. 가까이서 카메라 셔터를 눌러도 구아노꼬는 도망가지도 않고 오히려 잘 찍어 달라는 듯 서 있다.

도로를 계속 따라가다 보면 소
와 양의 무리도 보이고 칠면조, 멧
돼지도 보인다. 도로변에 70㎝ 높
이로 울타리를 설치하여 동물들
이 도로로 뛰어들지 못하도록 하
고 있다.

울퉁불퉁한 자갈길 좌측으로
호수가 보이고 그 뒤로 파이네가
가까워지면서 웅장한 산의 모습
이 점점 크게 드러난다.

파이네 국립공원

드디어 11시경에 '아마르가'(Amarga) 호숫가에 도착했다. 노란색
바탕에 녹색 물감을 뿌려 놓은 듯한 아마르가 호수는 그야말로 장관을
이루고 있다. 호수 뒤로 높이 솟은 만년설의 연봉은 구름 한 점 없는
쾌청한 날씨에 따사로운 햇살을 받아 윤기를 발하며 그 위용을 자랑하
고 있다.

파이네의 상징인 토레스 돌탑 봉우리가 멀리 보인다. 파이네는 계곡
의 화강암 대지 위에 높이 솟아오른 3개의 암봉으로서 트레킹으로 전
망대(Mirador)까지 올라가야 제대로 볼 수 있다.

우리 같이 1일 투어로는 먼 발치에서 토레스를 배경으로 기념사진
몇 장 찍는 것으로 만족해야 했다.

빙하가 깎아 만든 장엄하고 아름다운 3개의 봉우리는 자연의 신비
로움을 느끼게 한다.

12시 30분 경 우리를 태운 버스가 '노르덴스크홀드'(Nordenskjold)

의 호수 부근 주차장에 멈춘다. 초원지대를 거쳐 2시간 정도 달려 남미에서 가장 아름다운 산 파이네에 온 것이다.

봉우리엔 흰눈을 이고 아래 산자락엔 거대한 빙하가 덮여 있는 그 장관을 호수는 거울처럼 담아낸다. 구름 한 점 없는 화창한 날씨에 만년설이 녹아내려 폭포를 만들고 폭포는 한곳에 모여 담수호를 이룬다. 자연은 인공적인 요소가 하나도 가미되지 않은 원시 그대로여서 대자연의 감동이 더욱 진하게 느껴진다.

다리를 건너면 호반에 늘어진 나뭇가지 사이로 별장과 에메랄드빛 녹색의 호수가 조화를 이루어 한 폭의 산수화를 연상케 한다.

별장을 끼고 조그마한 동산을 오솔길을 따라 오르면 삼면이 호수로 아름다운 장관이 연출된다. 이름 모를 야생화 군락 속에서 파이네 주변의 아름다운 자연 풍광을 혼자 즐기기에는 아깝다는 생각이 든다.

아침에 싸늘하게 느껴진 기온이 한낮이 되면서 폭염이 되어 등줄기를 타고 땀이 계속 흘러내린다. 호수로 뛰어들어 수영이라도 해보고 싶은 충동을 느끼지만 손발만을 호수에 담그기에도 너무 차가운 얼음물이다.

오후에 'Lago Grey' 전망대 입구에 도착하면 2시간의 자유시간

파이네 국립공원

이 주어진다. 이곳에서 도보로 그레이 호수 남쪽 끝을 돌아 빙하 전망
대까지 다녀오는데 1시간 이상이 소요된다고 한다.

그레이 강을 건너는 출렁다리를 지나 숲으로 우거진 산길을 따라 계
속 앞으로 나간다.

고개를 넘으면 전면에 모래사장이 펼쳐지고 좌측으로는 넓은 호수
가 나타난다. 짙은 회색의 호수, 이름 그대로 그레이 호수이다. Lago
Grery는 Iceberg Cemetery, 즉 빙산의 묘지를 뜻한다.

만년설의 끝자락 빙벽에서 떨어져 나온 새파란 빙산이 오랜 세월 동
안 출렁이는 파도에 휩쓸려 여기저기 떠다닌다. 빙하 녹은 물이 호수
를 넘치게 하여 폭포를 만들어 내니, 그 모습은 자연의 경외스러움과
신비함을 동시에 느낄 수 있게 한다.

호수 건너편에 있는 낮은 바위산을 오르면 그레이 빙하를 한눈에 바
라볼 수 있는 전망대가 있다.

빙하관광을 마치고 모래벌판을 돌아서려는데 갑자기 호수에서 광풍
이 휘몰아치며 쏟아지는 소나기가 얼굴을 따갑게 때린다. 서둘러 한걸음에 내달려 주차장으로 돌아왔다. 돌아오는 길에 기사 겸 가이드가 중간중간 멈추며 파

파이네 국립공원

한가로운 노루 무리

이네의 전경을 다방면에서 촬영할 수 있도록 포인트를 지정해 준다.

남미대륙의 땅 끝 마을 푸에르토 나탈레스 지역의 토레스 델 파이네 국립공원은 '내셔널지오그래픽' 의 「전 세계 베스트 50」에 당당히 선정되었을 정도로 뛰어난 자연 경치를 자랑하고 있다. 감탄사가 절로 나오는 기암절벽들 사이로 수정처럼 맑고 투명한 빙하 호수가 곳곳에 널려 있다.

산책로를 따라 초원지대로 접어들면 타조의 일종인 난두 (Nandu), 여우, 퓨마, 구아노꼬 등의 야생동물들이 뛰노는 모습을 볼 수 있는 자연의 보고이다.

하루의 관광을 마치고 오후 7시 경 푸에르토 나탈레스 시내에 도착하자 기사는 출발할 때와 마찬가지로 내가 묵고 있는 호스텔 앞에 내려준다.

샤워를 하고 레스토랑에 들러 모처럼 만에 즉석 비프스테이크에 맥주를 마시고 숙소로 돌아와 하루를 마무리하는 여행일지를 정리하고 잠자리에 들었다.

마흔 세번째 날

오늘은 아르헨티나 (Argentina) 국경을 넘어 "깔라파테" (Calafate)의 "모레노 (Moreno) 빙하"를 찾아가는 투어일정이다. 어제와 마찬가지로 투어버스가 호스텔 앞으로 아침 7시까지 오기로 되어 있으나 8시가 다되어서야 왔다. 마이크로버스는 어제보다 인원이 적은 9명으로 모두 새로운 관광객이다.

어제 갔던 파이네 가는 길로 접어들어 1시간 정도를 달려 칠레의 국경 출입국 관리소에 도착한다. 당일로 다녀오는 관광투어라 간편할 줄 알았더니 출국 신고서를 작성하여 정상적으로 수속을 거친다.

관리소를 나오니 서부영화 'OK목장의 결투'에 나오는 것과 같은 큰 나무문을 열고 버스를 통과시킨다. 넓은 평원 철조망 길을 10여분 정도 가니 '켈로 가스틸로' (Cello Castillo)에 있는 아르헨티나 국경 출입국 관리사무소가 나온다.

1달 전까지만 해도 아르헨티나를 여행하려면 비자 받기가 까다로워 남미 여행에서 제외된 경우가 많았다. 그러나 2003년 12월 18일부터 한국인에게 'No Visa'로 입국의 길이 열렸다. 입국 신고서를 작성하여 제출하니 여권에 스탬프를 꽝 찍어준다.

이제부터 본격적으로 아르헨티

깔라파테 모레노 빙하

　서편으로 칠레와 볼리비아 국경선을 따라 안데스 산맥이 남북으로 뻗었고, 안데스에서 발원하는 물줄기가 중에서 남북으로 흐르는 파라나강과 합류한다. 그리고 강이 형성하는 팜파스라고 명칭되는 대규모 평원은 유명한 아르헨티나 농업과 축산의 기반이 된다.

　인디오보다는 백인이 인구 구성의 주요 부분을 차지하고 유럽계 이주민들이 대부분이어서 문화도 유럽식에 가깝다는 특징이 있다.

　남미의 파리라고 별칭되는 부에노스 아이레스의 항구는 세계 미항의 하나로 꼽히고 있고 북쪽의 아과수 폭포와 열대 정글에서 팜파스의 대평원을 지나 파타고니아와 남극에 이르는 다양한 자연은 여행 전 지도를 보는 것만으로도 방문의 욕구를 부른다.

1. 공식국명 : 아르헨티나 공화국
2. 수도 : 부에노스 아이레스
3. 시차 : 한국보다 12시간 늦다
4. 통화 : 화폐단위는 페소(Peso)
5. 주요언어 : 스페인어
6. 종교 : 카톨릭 92%, 기독교 2%, 유태교 2%, 기타 4%

　나의 **"파타고니아 팜파스"**로 접어든다. 250km 거리에 있는 깔라파테를 향해서 버스는 울퉁불퉁한 비포장도로를 뿌연 먼지를 날리며 달려나간다. 도로 양편으로 초원이 끝없이 펼쳐져 수평선을 이루다가 낮은 구릉을 넘기도 한다.

　계절적으로 여름인데도 초원이 주황빛을 띤 삭막하고 황량한 벌판으로 사막화되어 가는 느낌이다. 삼면이 광활한 벌판으로 펼쳐진 팜파스 한 가운데를 달리고 있다.

황량한 초원이지만 양의 무리와 난두, 구아노꼬가 도로변까지 나와 서성이다 달려오는 자동차에 놀라 뛰어간다. 가끔 목장이 나타나고 길을 따라 세워진 말뚝에 연결하는 세 가닥의 철책선이 끝없이 이어진다. 그러나 목장에 가축은 다 어디 갔는지 한 마리도 보이지 않고 공허한 바람만 누런 풀잎을 스치고 지나간다.

2시간 넘게 달리는데 마주 오는 차량도 없고 도로변에 양옥집 한 채가 고작이다. 오랫만에 양떼 몇 마리를 앞세우고 말을 타고 가는 목동의 모습이 눈에 띄었지만 왠지 처량해 보인다.

신록이 우거져야할 초원이 너무 건조하여 생기를 잃고 누런빛을 띠고 죽어가고, 느티나무 고사목도 군데군데 눈에 뜨인다.

자동차가 자갈밭 길을 벗어나 아스팔트로 올라서면서 왼쪽으로 방향을 틀어 평야를 지나다가 언덕을 내려가니 파란 호수가 눈에 들어온다.

아르헨티나 3대 호수의 하나로 빙하가 녹아서 된 'Lago Argentino'이다. 자동차는 호수를 끼고 30분을 더 달려 12시경 깔라파테 시내로 들어서 슈퍼마켓 앞에 멈춘다.

아르헨티나 파타고니아의 관광 명소 빙하 국립공원의 전진 기지가 되는 "깔라파테"는 숲과 호수로 둘러싸여 있는 인구 3,000명 정도의 깨끗한 도시이다. 사람들이 정착할 초기에는 깔라파테라는 가시나무 숲이 전부였다고 한다. 여름에는 노란색 작은 꽃이 피고 가을에는 거무스름한 붉은 열매를 맺는데 딸기 맛이 나 잼의 원료로 쓰이고 있다.

기사 겸 가이드는 이곳에서 점심을 먹고 필요한 만큼 환전을 하도록

깔라파테 모레노 빙하

1시간 정도 시간을 준다. 먼저 캄비오에 들러 미화 10달러를 주니 공식 환율은 1대 1인데 25페소로 교환해 준다. 정식으로 식사를 할 여유가 없어 햄버거 하나에 콜라를 사서 버스로 들고 와 먹었다.

별장 풍의 원색 목조 건물들이 언덕 위에 늘어서 마을을 이루고 황금색으로 물들은 포플러 사이의 오솔길을 장식하고 있다. 자동차는 깔라파테 마을을 빠져나가 만년설을 바라보며 아르헨티노 호수를 끼고 달린다.

공원 관리사무소를 지나 산길을 오르내리니 'Brazo Rico' 호수가 보이기 시작하고 그 너머로 백설의 평원이 나타난다. 차는 호수와 빙하를 조감하는 전망대에 멈추어 빙하의 전경과 주변의 경치를 보여주고 다시 떠난다. 드디어 오후 2시 경 '마가쟈네스'(Magallanes) 반도의 서쪽 끝 모레노 앞에 당도하였다.

'페리토 모레노'(Perito Moreno) 주차장에 내리자마자 전면에 웅장하게 펼쳐진 빙하를 바라보고, 산기슭의 나무숲 사이로 난 비탈길 나무계단을 따라 내려간다. 빙하를 바라볼 수 있는 전망대가 곳곳에 설치되어 여러 각도에서 조망할 수 있도록 되어 있다.

"페리토 모레노 빙벽"은 국립 공원에 있는 100여 개의 빙하 가운데 가장 아름답다는 평가를 받고 있으며, 유네스코가 지정한 세계 자연 유산이다.

거대한 빙하가 녹아 내려 수정처럼 맑은 호수를 이루고 안데스산맥의 만년설과 어우러져 대자연의 진수를 보여주고 있다.

정상에는 3개의 주 봉이 나란히 만년설을 이고 있으며 그 밑으로 송곳 같은 수 만 개의 봉침이 솟아올라 장관을 이룬다.

폭 5km, 높이 60~100m에 달하는 빙벽 앞에 서면 누구든 주눅이 들 수 밖에 없을 정도로 거대하다. 특히 하얗다 못해 시퍼런 빙하의 전경을 조망하노라면 놀라서 벌린 입을 다물 수가 없다.

갑자기 집채만한 빙하가 깨져 호수로 떨어져 내려 하얀 물보라를 튀긴다. 그리고 빙하가 갈라지는 굉음이 마치 천둥소리처럼 온 천지를 뒤흔들어 공포감마저 준다. 호수로 내려가 고무 보트를 타고 빙하 바로 밑에까지 다가가면 더욱 실감나게 빙하를 살펴 볼 수 있다. 하지만 빙하가 계속 떨어져 위험하기 때문에 산책로를 걸으며 빙하를 배경으로 멋진 작품사진 촬영에 관심을 갖고 포인트를 찾아본다.

　오후 5시경 모레노 빙하를 뒤로하고 자동차는 1시간을 달려 깔라파테 마을에 도착하였다. 각자 간식을 준비하고 서둘러 18시 30분에 푸에르토 나탈레스로 향해 출발한다.

　일몰시간이 되면서 팜파스 대평원 지평선과 하늘에 떠있는 뭉게구름이 붉은 색조를 띠고 있어 참으로 아름답게 보인다. 어둠이 서서히 깔리기 시작하면서 넓은 광야는 조용한 침묵이 흐르고 이따금 바람 소리만 스치고 지나간다. 창밖에는 거뭇거뭇한 풀숲의 형상만 한없이 계속되는 속에 한 줄기 헤드라이트 빛을 따라서 차는 남쪽으로 달려나간다. 그동안 잊어버리고 지내던 북녘 하늘에 둥근 달이 두둥실 걸려있고 무수한 별들의 향연이 펼쳐지고 있다.

　밤 10시가 넘어 아르헨티나 국경사무소에 도착하여 여권에 출국 스탬프를 받고 다시 칠레측 국경사무소에서 입국수속을 밟는다.

　푸에르토 나탈레스 시내가

깔라파테 모레노 빙하

깔라파테 마을

가까워지며 불이 켜지고 긴 잠에서 깨어난 듯 차내에는 생기가 돈다. 밤 12시가 다 되어 호스텔 앞에 도착하여 기사의 노고를 치하하며 내린다. 배는 고팠지만 자정이 넘어 저녁 식사를 건너 뛰고 피곤한 몸으로 잠자리에 들었다.

마 흔 네 번 째 날

푸에르토 나탈레스의 마지막 일정으로 "발마세다" (Balmaceda) 빙하 투어가 예정된 날이다.

이틀 동안은 버스투어였다면 오늘은 선상투어로 호스텔에서 걸어서 15분 거리에 있는 선착장으로 나간다.

아직은 가로등의 조명이 꺼지지 않은 이른 아침 조용하고 한산한 거리를 지나 선착장에 도착한다. 선착장에는 서너 척의 배가 대기하고 있다.

승무원은 선상투어에 참가할 승객들의 명단을 보며 승선하는 사람들을 일일이 확인하고 우리가 타고 갈 소형 배 '21 de Mayo' 로 안내를 한다.

객실과 별실에 50여 명이 승선할 수 있는 20m 길이의 아담한 소형 배로 빙하투어에 참가할 승객은 약 30여 명 정도 되어 보인다. 예약된 승객

발마세다 크루즈 투어선

코모란트 서식지

을 태우고 8시 10분 '21 de Mayo'는 뱃 고동소리를 울리며 항구를 서서히 벗어난다.

선실에 앉아 창 밖에 펼쳐진 만년설을 바라보다 갑판 위로 올라가니 이미 많은 승객들이 와 있다. 배가 앞으로 나가며 수면에 잔잔한 물결이 파문을 그려 나간다. 호수를 따라가며 선상에서 바라본 설산의 만년설은 또 다른 아름다움을 보여주고 있다. 호수의 빛깔이 수심과 물결에 따라 초록색과 청록색으로 변하곤 한다.

1시간 남짓 호수 길을 따라 올라가니 높은 절벽 사이로 깊숙이 들어간 협만 '에버하드 피오르드'(Eberhard Fjord)의 입구에 도착한다. 계곡마다 만년설이 녹아내려 작은 폭포를 만들어 호수로 떨어진다. 이러한 천혜의 자연환경으로 세계 각국의 관광객을 끌어 모으고 있다.

출항한지 2시간이 지나 "코모란트 (Cormorant) 서식지"를 통과한다. 코모란트는 펭귄 모양의 새로, 날아다니는 펭귄이라 할 수 있다. 이제부터는 산도 높아지고 계곡의 절벽마다 폭포가 쏟아져 주변이 완연한 피오르드 모습을 갖추고 있다.

전면에 해발 2,035m의 발마세다 산의 웅대한 모습이 나타나고 그 동쪽으로 몇 개의 백설빙하가 파란빛을 반짝이며 접근해 온다.

　12시경 배는 널판지를 깔아 만든 작은 '푸에르토 토로'(Puerto Toro)선착장에 도착해서 모든 승객을 내려준다.

　좁은 산기슭에 **"오하긴스 (O' Higgins) 국립공원"** 의 환영 간판이 서 있다. 울창한 숲 속 비탈진 오솔길을 따라 조그마한 능선에 오르면 앞이 트이면서 모두가 '원더풀' 을 외친다.

　눈 아래에는 녹색의 호수가 전개되고 물 위에는 크고 작은 얼음덩이가 어지러이 떠있으며 왼쪽으로는 커다란 **"셀라노 (Serrano) 빙하"** 가 앞을 가로막는다.

발마세다의 만년설

　호수를 내려다보면서 바위 사이로 난 길을 오르내리며 빙하에 가까이 가면 접근금지 로프가 있다. 자연의 아름다움을 간직한 셀라노 빙하의 장엄한 모습을 배경으로 기념사진을 찍는다.

　하산 길에 호수에서 작은 얼음덩이를 건져 올려 일행들이 돌려가며 들어보지만 너무 차가워 10초를 견디기가 어려웠다.

　선착장까지 1km를 되돌아 나와 다시 배에 올랐다. 배로 10분 거리에 있는 호숫가의 붉은색 건

발마세다 호수가의 레스토랑

물 레스토랑으로 이동하여 점심을 먹는다. 투어비용에 포함된 식사로 스테이크가 나왔고 음료수는 따로 계산을 하였다. 1시간 정도 점심 겸 휴식을 마치고 배에 올라 푸에르토 토로 선착장으로 다시 왔다.

지금까지 같이 투어를 했던 14명의 승객이 하선한다. 이들은 이곳에서 '푸에르토 몬트'(Puerto Montt)까지 크루즈투어를 계속하며 가게 된다. 이들과 아쉬운 이별의 악수를 나누고 오후 2시에 푸에르토 나탈레스로 향해 귀로에 올랐다.

배가 출발하면서 남미에서 가장 즐겨 마시는 레몬을 칵테일 하여 만든 포도주와 비슷한 '피스코 사우어'(Pisco Sour)를 한 잔씩 돌린다. 그리고 커피와 케이크도 나온다. 오후에 돌아오는 길은 호수에 바람이 거칠어지면서 배가 흔들려 갑판 위에 서 있기도 무척 힘이 들었다. 선실로 내려와 조용히 눈을 감고 3일 동안의 푸에르토 나탈레스에서의 자연관광을 나름대로 정리해 본다.

이곳 관광은 주로 파이네 국립공원과 발마세다 빙하의 만년설을 육로와 선상에서 사방으로 돌아가며 보여주고 있다. 보는 위치에 따라 색다른 느낌으로 감상하는 즐거움도 있는 것 같다.

오후 5시경 호수 선착장에 도착함으로서 푸에르토 나탈레스의 관광 일정도 사실상 끝이 난 셈이다. 오늘 관광 길을 같이한 승무원 및 일행들과 아쉬운 석별의 정을 나눈다. 지구 반대편에 살던 낯선 사람들이 서로 다가와 어느 인생의 접점에서 우연히 인연을 맺고 다시 멀어져

간다. 아디오스! 우리는 다시 만날 것처럼 헤어져 각자 제 갈 길로 돌아
선다.

마흔 다섯 번째 날

　새벽에 일어나 짐을 챙기어 7시 30분에 호스텔을 나와 50m거리에
있는 버스터미널로 나갔다. 콜렉티보에 승차하여 약 2시간 정도를 달
려 푼타 아레나스에 있는 프레시덴데 이바네즈 공항으로 향한다. 공항
에 도착하여 탑승 수속을 받은 후 12시 45분 란 칠레 LA0080편으로 산
티아고로 돌아간다.

내일부터 시행될 브라질 여행 일정표를 점검해 본다. 여행 일정이 너무 타이트하여 처음 계획한 일정대로 관광이 이루어지기에는 상당히 많은 어려움과 문제점이 있을 것으로 생각된다.

처음 계획표를 만들 때에 중남미 전문 여행사에 자문을 받아 만들어졌기 때문에 현지 사정을 모르는 나로서는 시행착오를 일으킨 것 같다. 특히 국가별 전체 항공일정을 고려하다 보니 현지 사정이 무시되어 있었다.

어차피 이번 여행은 중남미에 몸을 던져 미지의 세계에 도전장을 낸 것이 아닌가? 배낭여행을 다니다보면 예기치 못한 돌발사태가 생길 수 있어 항상 불안, 초조, 긴장 속에서 하루를 보내곤 한다. 그러나 분명한 것은 시간이 경과되면 모든 일이 해결되어 있다는 사실이다.

앞으로 남은 일주일간의 여행이 무사히 끝나면 가족의 품으로 돌아가는 일만 남았다. 내가 지금 이 시점에서 마음이 많이 약해졌나 보다. 가진 것은 없어도 자신감과 체력이 내 여행의 유일한 자산임을 인식하고 해이해진 마음을 가다듬는다.

파타고니아 만년설의 연봉이 하늘을 찌를 듯한 기상으로 솟아올라 장엄한 모습을 뽐내지만 그래도 내 발 밑에 있어 그 아름다움을 내려다보며 하늘을 날고 있다.

남미 여행에서 남극대륙의 북쪽, 사우스 셰틀랜드 제도의 킹조지섬, 맥스웰만 연안에 있는 한국 최초의 남극 과학기지인 '세종 과학기지'를 떠올리며 칠레를 찾았다. 그러나 그것과는 너무나 거리가 멀었다. 실망을 하지는 않고 돌아가지만 언제인가 기회가 주어지면 남극점에 기필코 도전하리라는 다짐을 해본다.

푼타 아레나스를 이륙한 비행기
는 푸에르토 몬트를 경유하여 산티
아고 아르투로 메리노 베니테스 국
제공항에 도착하였다. 공항에서 콜
렉티보 버스를 이용하여 산티아고 중
심가에 있는 아시아나 여행사에 들러 김
봉중 사장에게 브라질에 대한 정보를 자문 받았
다.

이번 여행의 모든 고뇌를 털어 버리고 새로운 기분으로 나머지 일정
을 추진할 수 있도록 많은 조언과 물심양면으로 도움을 준 김봉중 사
장에게 감사하는 마음을 간직하며 산티아고를 떠난다.

저녁에는 아르마스 광장으로 나가 주변에 전시된 화가들의 그림을
감상한다. 이곳에서 처음으로 한국인 여행자 4사람을 만날 수 있었다.
이들은 A여행사의 패키지 관광으로 가이드를 따라 아르마스 광장에
나왔다가 그림을 쇼핑하고 있었던 모양이다. 나는 무척 반가워서 ‘안
녕하세요’ 라고 인사를 하는데 내 모습이 초라해 보였는지 경계를 하
며 사라진다. 지구 반대편에 와서 만난 고국의 동포끼리 이렇게 불신
과 경계를 해야하는지 정말 답답한 심정이다.

중심가의 휘황찬란한 아름다운 야경도 경직된 내 마음을 풀어 주지
못했다. 돌아오는 길에 생맥주 500cc짜리 두 컵을 마시고, 지난 번 하
룻밤을 묵었던 ‘아파트호텔’ 에 여장을 풀고 산티아고의 마지막 밤을
보낸다.

브라질

마흔 여섯 번째 날

프런트에서 새벽 5시에 모닝콜을 울려준다. 오늘은 이번 여행의 마지막 국가인 브라질의 **"리우 데 자네이루"** (Rio de Janeiro)로 향하기 위하여 서둘러 택시를 타고 공항으로 달려간다. 출국수속을 마치고 8시에 출발하는 란 칠레 LA750편에 탑승하자 비행기는 활주로를 미끄러지듯 달리더니 순식간에 창공을 향해 비상한다. 기수를 북으로 돌려서 안데스산맥의 만년설을 따라 날아가고 있다.

약 3시간 정도를 비행한 끝에 중간 경유지인 브라질의 상파울로 (Sao Paulo) 과루료스 (Guarulhos) 국제공항에 도착한다. 이곳에서 잠시 경유하다가 오늘의 목적지 리우 데 자네이루까지 1시간을 더 비행한 후 갈레온 국제 공항에 안착할 수 있었다.

입국 절차를 마치고 공항 내에 있는 관광 안내소에 들러 시내지도를 구하고 교통편과 숙소를 안내받았다. 오늘 쓸 교통비와 숙박비를 '헤알' (Real)로 환전하기 위해 캄비오에 들러 1달러에 2.8헤알로 우선 50달러만 환전하였다.

공항에서 버스를 타고 다운타운을 지나 30분 정도 달리면 플라멩고 해안이 나온다. 이곳에서 남쪽의 비우바 언덕을 넘어 작은 만으로 된 **"보타포고** (Praia de Botafogo) **해변"**

리우 데 자네이루 다운타운 상가

브라질은 국토 면적 남미 1위, 세계 5위의 넓은 나라이다. 하지만 브라질의 경제는 상파울로와 리우 데 자네이루가 있는 대서양 부근 남부의 몇 개 도시에 몰려 있다. 대부분의 지역이 아마존 강과 열대 밀림으로 구성되어 있기 때문이다.

이러한 이유로 여행자에게는 국토에 비해 좁은 여행 목적지를 제공하고 접근성을 제한한다.

하지만 그만큼 브라질은 순수한 자연과 자원의 보고로 인정받으며 세계인의 환경과 미래 지향적인 개발에 무궁무진한 가능성을 내포하고 있다.

1. 공식국명 : 브라질 연방공화국

2. 수도 : 브라질리아

3. 시차 : 한국보다 11~14시간 늦다

 - 브라질 동부지역(브라질리아, 상파울로, 리우) 은 한국보다 12시간 늦다

4. 통화 : 화폐단위는 레알(Real) (이곳 말로는 헤알)이며, 기호는 R$를 사용한다

5. 주요언어 : 포루투갈어

6. 종교 : 천주교 80%, 개신교 11%, 기타 토속종교 (Umbanda) 등

에서 무조건 내렸다. 보타포고 해변에서 100m 거리에 있는 허름한 도미토리 숙소에 아침식사를 제공받는 조건으로 10달러 주기로 하고 짐을 풀었다.

1502년 처음 리우를 발견한 포르투갈의 항해사는 부근의 바다를 강으로 잘못 알고 리우 데 자네이루 (Rio de Janeiro) 즉 '1월의 강' 이라는 이름을 붙였다고 한다. 1월은 한 여름, 1년 중 가장 아름다운 달이라 한다.

1767년 포르투갈 총독부가 들어서면서 브라질의 수도 역할을 시작한 리우는 나폴레옹이 유럽을 제패했던 시절 1807년부터 15년 간 포르투갈의 왕실이 피난했던 역사도 가지고 있다. 그 후 브라질이 독립한 1822년부터 1960년 브라질리아로 천도할 때까지 리우는 브라질의 수도였다. 현재 인구 600만의 브라질 제2의 도시로 서쪽으로는 700m가 넘는 가파른 산이 도시를 병풍처럼 감싸고 있다.

동쪽은 대서양에 면한 아름다운 '과나바라' 만이 주위의 자연과 어울려 세계 3대 미항의 하나로 뛰어난 경치를 자랑하고 있다. 도시는 해변 휴양지로 '코파카바나' 와 '이파네마' 등 활 모양의 반짝이는 백사장을 따라 길게 이어진다.

항구 입구에서 바라본 '팡 데 아수카르' 는 럭비공 모양으로 해면에서 2/3이상 불쑥 뛰어나온 기암이 390m 높이로 솟아 있다. 또 북에서 시작하여 동 · 남쪽으로 바다를 따라 돌아가는 도시의 구심점이 되는 704m의 '코르코바도' 언덕 위에는 리우의 상징인 거대한 그리스도의 상이 십자로 팔을 벌리고 있다. 그리고 매년 2월이나 3월이 되면 세계적인 카니발, 광란의 축제가 이 도시에서 막을 올린다.

시내지도와 카메라 하나만 달랑 메고 "팡 데 아수카르"(Pao de Acucar)를 찾아 나선다. 보타포고 해변에는 한가롭게 일광욕을 즐기는 구릿빛으로 반짝이는 건강한 피부의 '카리오카'(Carioca : 리우) 여인들과 만 안에 떠 있는 요트로 꿈과 낭만이 넘쳐나고 있다.

해변에서 인도를 따라 산책하는 기분으로 걸어서 팡 데 아수카르 입구까지 30분이 걸렸다. **"팡 데 아수카르"** 는 '설탕 빵'(Sugar Loaf)이라는 이름으로 불려지기도 한다. 이곳 광장에 산책 나온 대학생들과 잠

팡 데 아수카르

팡 데 아수카르에서 바라 본 보타포고 전경

시 어울려 즐거운 시간을 보내며 기념사진을 몇 커트 찍었다.

학생들의 안내를 받아 곤돌라 매표소에 30헤알을 내고 티켓을 끊어 곤돌라를 타고 산정으로 오른다. 중간 230m 지점인 'Urca Hill'에서 내려 주변을 한 바퀴 돌아보고 다시 두 번째 곤돌라에 올라 산정 390m에 올라서게 된다.

정상에 오르자 빗방울이 떨어지며 안개구름이 끼어 시야를 가리고 있어 멀리 볼 수가 없다. 쾌청한 날씨라면 쇼핑점에서 팔고 있는 엽서처럼 천하의 절경을 카메라 담을 수 있었을텐데 하는 아쉬운 생각이 든다. 그래도 안개구름이 덮여 있는 우르카 해안은 한 폭의 여백이 많은 산수화를 감상하는 느낌이다.

시가지 빌딩에 전등불이 켜질 때까지 비구름이 개이기를 기다렸지만 무심한 비는 하염없이 내린다. 이제는 팡 데 아수카르도 안개구름에 휩싸여 지척을 분간하기 힘들다.

관리요원의 안내를 받아 서둘러 곤돌라를 타고 내려왔다. 비 내리는 보타포고의 밤거리를 누비며 카페에 들러 햄버거에 맥주를 곁들여 저녁식사를 대신하고 숙소로 돌아온다. 오늘 너무 많은 다리운동으로 무척 피곤해 일찍 잠자리에 들었다. 6인용 도미토리에 손님이 하나도 없어 독방을 쓰게 된 덕에 조용한 밤을 보낼 수 있었다.

마흔일곱번째날

어제 오후부터 내리던 비가 아침까지도 계속 내리고 있어 걱정이 된다. 리우에서 일정이 빡빡하게 잡혀 있어 비를 맞고서라도 시내투어를 나서야 될 것 같았는데, 다행히 오전 10시부터는 빗줄기가 가늘어졌다.

숙소를 나와 환전을 하려고 은행에 들렀다. 은행에서는 환율이 좋지 않다며 캄비오에 가서 환전을 하란다. 우리나라 같으면 절대 용납될 수 없는 일로 국가기관이 사설 환전소인 캄비오로 가서 환전을 하라니 이해가 안된다. 또한 칠레 페소가 조금 남아서 환전을 하려고 해도 환율

리우 데 자네이루 다운타운

이 문제가 아니라 칠레 화폐 자체를 받지 않았다. 어제 공항 캄비오에서 1달러에 2.8헤알이었는데 이곳에서는 2.5헤알로 환전해 준다.

버스를 타고 **"코르코바도 언덕"**(Morro do Corcovado)의 그리스도 상을 찾아 나선다. 코르코바도 언덕을 오르내리려면 '코스모 베료'(Cosmo Velho) 역 매표구에서 표를 구입해야 하는데 왕복 20헤알이다.

역에서 출발한 스위스제 케이블 등산 전차는 2량을 달고 다니며 정원 124명을 태우고 언덕까지 올라가는데 25분 정도 소요된다. 중간에 역이 있어 현지 주민들의 교통 수단으로도 이용되고 있다.

철로 변에 우거진 울창한 숲은 완전 열대 밀림지대이다. 언덕을 돌아서 올라가는 도로가 있어 자동차로도 올라갈 수 있다. 전차에서 내려 계단을 오르면 넓은 공간의 주차장과 기념품 판매점, 레스토랑 및 스탠드바 등이 있다.

또한 주차장에서 계단을 몇 개 올라가면 정상인 해발 710m의 절벽 꼭대기에 그리스도 상이 양팔

코르코바도 언덕에서 본 해변

코르코바도 언덕에서 바라 본 해안

을 벌리고 서 있다. 1931년 건조된 이 동상은 높이 30m, 한일자로 벌린 양팔의 길이가 28m이다. 전신에 납석을 발라 무게가 1,145톤의 거대한 동상이다.

해안지구에서 보는 그 모습은 햇빛에 반사되어 새하얀 십자가의 모양으로 보이고, 저녁에는 조명을 받아 하늘에 떠있는 듯 신비롭고 환상적인 모습으로 시내를 내려다본다. 시내 어느 곳에서 올려다 보아도 항상 보이는 그리스도 상은 리우 데 자네이루를 상징하는 랜드마크라 할 수 있다.

코르코바도 언덕 정상 중앙에 그리스도 상을 두고 타원형으로 돌아가며 시가를 내려다 볼 수는 전망대가 있다. 도시를 에워싸고 있는 산과 복잡한 공간에 숲처럼 서 있는 빌딩들이 연결되어 해안선에 하얀 호를 그리고 있어 훌륭한 경치를 만들어 내고 있다. 웅대하고 섬세한 자연경관은 신의 창조가 아니고서는 이렇게 아름다운 경관을 연출하지 못했을 것이다.

전망대 어느 곳에서도 리우의 모든 아름다운 절경이 한눈에 들어온다. 저 멀리 플라멩고 지구의 시가지와 보타포고 해

코르코바도 언덕의 예수님 상

안에 불룩 솟아 오른 기암 팡 데 아수카르가 파란 수평선과 과나바라의 바다를 배경으로 화려한 풍치를 이루고 있다. 코르코바도 언덕에 비해 낮지만 구름바다에서 도시를 내려다보는 것 같은 스릴 넘치는 경관을 연출한다. 코파카바나, 이파네마의 해안의 고층 빌딩이 대서양의 흰 파도와 어울리며 한 폭의 커다란 그림을 보여주고 있는 듯하다.

코르코바도 언덕의 레스토랑에서 햄버거와 콜라로 점심을 해결하고 다시 등산 전차를 타고 코스모 베료 역으로 내려온다. 지나가는 여인에게 다운타운으로 가는 버스 편을 물어보니 버스가 올 때까지 기다렸다가 버스 기사에게까지 부탁한다. 낯선 이방인에 대한 사려 깊은 친절에 미안할 정도로 고맙고 감사할 뿐이다.

기사가 다운타운에 있는 '까리오카'(Carioca) 지하철 역 주변에 내려주어 지도와 가이드북을 펴들고 대성당을 찾아 나선다. 다운타운에서도 중심부로 우후죽순처럼 고층 빌딩이 솟아있고 사람과 자동차가 길을 메우며 분주히 오간다. 정부기관, 은행, 회사, 상점들이 입주한 빌딩들은 200년 동안 브라질 수도였던 리우의 역사와 전통을 상징하듯 관록이 있어 보인다.

지도를 보며 도심을 남북으로 관통하는 대로를 따라 교통경찰과 행인들에게 대성당 위치와 가는 길을 물어 보면서 간다. 낯선 이방인의 물음에 대해서 몸에 배어 있는 웃음과 친절로 대답해 주고 소지품을 잘 간수하라는 충고도 빼놓지 않는다. 낯선 사람이라도 서로 눈만 마주치면 '따봉' 하며 엄지손가락을 치켜들며 미소를 짓는다.

따봉은 포르투갈어로 '감사하다, 반갑다, 맞다, OK, 넘버원' 이라는 뜻으로 사용되고 있어, 따봉하면 만사형통, 금방 친구가 될 수 있다.

대성당

　"**대성당**" (Catedral Metropolitana)은 높이 80m, 바닥의 직경 106m, 2만 명을 수용할 수 있는 첨단부를 잘라낸 원추형의 피라미드 이다. 1964년에 착공하여 1976년에 완공된 건물로 성당이라는 이미지 와는 거리가 있는 특이한 외관을 가지고 있다. 벽 전체가 12면 구조물 로 둥근 바닥에 기둥이 하나도 없다.

　외부의 모습도 순수하고 큰 규모이지만 내부로 들어가면 엄청난 크 기에 놀라게 된다. 4곳에 출입문이 있고 천장을 향하여 높이 수십 미 터, 폭 10m의 찬란하고 거대한 4줄기의 색채 유리가 사방에서 뻗어 올 라간다. 천장에는 십자가 모양의 창이 있어 그곳에서 하얀빛이 Top Light로 내려오고 스테인드 글라스에서 들어오는 광채와 더불어 별다 른 조명이 없이 장엄한 분위기를 만들고 있다.

대성당에서 나와 Republica do Paraguai 거리를 건너면 맞은 편에 'Lapa Archway' 라고 불려지는 **"카리오카 수도교"** (Aqueduto da Carioca)가 보이고 그 위를 지나다니는 경전차 '봉디뇨' 의 출발역이 있다. 도시 중심이 눈 아래로 내려다보이는 산언덕 '산타 테레사' (Santa Teresa)에서 시내로 물을 끌기 위하여 1744년에 만들었다. 수도교는 높이가 18m에 길이가 270m인 하얀색 다리로 42개의 2층 아치형 교각이 받치고 있다.

고대 로마의 수도교를 본 떠서 만든 것이지만 물이 흐르던 그 위에 지금은 레일이 깔리고, 옛날 그대로의 고물 전차가 덜커덩거리며 달리고 있다. 리우와 카니발을 무대로 한 영화 '검은 올페' 에도 등장한 이 경전차가 지금도 수도교를 지나 옛날 집들이 들어선 산타 테레사 지구를 왕래한다.

그 옛날 19세기, 이 지역에 사는 리우의 상류층은 노면전차 봉디뇨를 타고 센트로에 출근하며 사업을 벌였다고 한다. 세월과 더불어 나이테가 쌓여가던 산타 테레사 지구는 1960년대 약 10년간 히피족이 모여들던 시절을 거치면서 언덕 위에 빈민가가 확대되었고 지금은 이곳을 찾는 관광객을 괴롭히는 소문난 우범지대로 잘 알려져 있어 주위를 항상 살피며 신경을 많이 써야 했다.

그러나 옛날의 토박이 모습을 그대로 간직하고 있어 이 산동네는 아직도 춤과 음악이 녹아 숨쉬는 '삼바' (Samba)의 본고장으로 남아 있으며 시민 아트의 활기를 면면히 이어가고 있는 메카로서 리우의 몽빠르나스로 불려지고 있다.

도보로 다운타운으로 나오는 길에 재래상가를 이곳저곳 돌아다니며 산더미처럼 쌓아놓은 상품들을 아이쇼핑했는데 그것도 무척이나 신나는 일이었다. 이곳도 남대문시장처럼 점원들이 갖가지 아이디어를 동원하여 지나가는 행인들을 끌어 들이고 있다. 브라질이 축구의 나라라 그런지 의류점포마다 축구 유니폼을 관광상품으로 주로 많이 팔고 있다. 시장골목 노점상들이 숯불에 구워서 파는 양고기나 소고기 꼬챙이의 맛이 일품인데, 값은 1헤알씩이다.

해가 지면서 건물마다 하나둘씩 조명이 들어오기 시작하더니 어느새 시가지가 황홀한 불야성을 이루어간다.

숙소로 돌아가려고 버스를 기다리는데 갑자기 요란한 북소리가 나며 술렁거리기 시작한다. 알고 보니 2월 21일부터 24일까지인 삼바축제 '리우 카니발'을 대비한 예행연습 중이었다. 매년 부활절을 7주 앞두고 열리는 브라질의 카니발은 축제기간을 달구는 폭발적인 열기와 진행방식의 다채로움 때문에 브라질인 뿐만 아니라 세계인의 관심과 흥분을 이끌어내는 이른바 세계 최고의 축제이다.

카니발이 열리면서 브라질은 멈추어 버린다. 토요일부터 화요일까지 나흘 간 지구 남반구의 여름의 절정에서 브라질은 노래하고 춤을 춘다. 댄스홀, 클럽, 거리, 해변에서 사람과 음악이 있는 곳이라면 어디에서나 노래와 춤이 있다. 즐거움과 기쁨을 줄 수 있다면 모든 게 허용되는 쾌락의 축제이다. 아름답고 호화찬란한 각종 의상과 예술의 축제이기도 하다. "카니발 기간 중에는 악마가 날개를 펴고 아무도 어느 누구에게도 속하지 않는다."

그러나 모든 도시에서 거리의 카니발이 열리는 것은 아니다. 일부 도시에서는 점잖은 옥내 연회로 대체하고 적지 않은 브라질인은 소란

삼바축제 예행연습

스러움을 피해 여행을 떠나기도 한다. 그러나 연초부터 2월의 카니발 기간까지 브라질에서 가장 중요한 거국적 과제는 역시 카니발이다.

축제 열흘 전부터 세계인에게 보여 주기 위한 예행연습 대열을 따라 1시간 정도 구경을 하였다. 삼바학원에서 나온 300여 명의 원생들이 두들겨대는 크고 작은 북소리가 천지를 진동하고, 대열에 참가한 사람들이 마술사의 최면술에 걸려든 느낌이다.

경쾌한 삼바리듬에 현지인은 물론이고 나 역시 자신도 모르는 사이에 몸 동작이 꼬이고 있음을 느낀다.

여행 일정이 맞지 않아 비록 삼바축제 기간에 참관은 못하지만 이렇게 예행연습이라도 볼 수 있어 다행이라 생각되었다. 이렇게 화려하고 현란한 다운타운의 거리에 밤이 깊어감에 따라 아쉬움을 남기고 숙소로 돌아왔다.

마흔 여덟번째 날

　한때는 비행기를 타고 여행하는 것이 부럽고 낭만적으로 생각된 적
도 있었지만 이제는 지겹게 느껴질 뿐이다. 오전 11시10분 리우 데 자
네이루를 이륙한 브라질항공 RG2251편으로 상파울로를 경유하여 '이
과수' (Foz do Iguacu)에는 오후 3시 5분에 도착하였다.

　이과수 국제 공항은 포스두이과수 시의 동남쪽 10km 지점에 위치한
조그마한 시골 공항이다. 공항에서 이과수 시내까지 버스로 30분 거리
이다. 버스터미널에 도착해서 E여행사로 찾아갔다. 담당자에게 이과
수 관광과 숙소 등에 대한 안내를 받았다.

　여행하는 동안 도미토리 숙소 생활에 많은 불편을 느꼈기에 모처럼
만에 큰 마음먹고 'Hotel Carima' 싱글룸을 30헤알에 묵기로 하고 여
장을 풀어본다.

　이과수 시내 온도계 게시판은 37℃를 가리키고 있다. 이과수의 풍부
한 강수량에서 증발된 수분을 공기
가 머금고 있어 조금만 온도가 올라
가도 금방 땀으로 흘러내린다. 샤워
를 하고 에어컨 앞에 앉아 있어도
땀이 비오듯이 흐르고 밤에도 잠을
못 이룰 정도로 푹푹 찌는 날씨가
계속되었다.

　브라질이나 아르헨티나 관광의
가장 큰 목적 중의 하나는 북미의

이과수 폭포 새농장

나이아가라, 아프리카의 빅토리아와 함께 세계 3대 폭포로 불려지는 이과수 폭포를 찾는 일이다.

"이과수"라는 이름은 원주민인 'Guaranies' 인디오 말에서 유래된 것으로 'Igu' 는 물, 'Acu' 는 장대한 것에 대한 경탄의 표시로 'Great Water' 라는 뜻을 가지고 있다. 말 그대로 이곳을 찾는 관광객은 물이 만들어 내는 교향곡을 감상하게 된다.

이과수라는 이름은 같은데 그것을 쓰는 철자가 나라별로 조금씩 다르다. 포르투갈어를 사용하는 브라질 쪽에서는 'Foz do Iguacu' 라 쓰고 아르헨티나 쪽은 'Puerto Iguazu' 로 쓰며, 영어로는 'Iguassu' 라고 많이 표기하고 있다.

아마존에 다음 가는 남미 제2의 강 Rio Parana는 브라질과 파라과이의 국경을 따라 남하한다. 세계 최대의 발전량을 자랑하는 이타이푸 (Itaipu) 댐을 지나 동쪽 브라질의 'Foz de Iguacu' 와 서쪽 파라과이의 'Ciudad del Este' 두 도시 사이를 빠져 나오면 바로 이과수 강이 흘러 들어오는 합류점에 도달하게 된다. 이 지점이 바로 아르헨티나까지 합쳐 3개국의 국경이 맞닿는 곳이다.

세 나라의 접경 지점에서 이과수 강을 따라 동쪽으로 23km를 거슬러 올라간 지점에 폭포가 있으며 강을 경계로 브라질과 아르헨티나가 나누어진다.

1억 2천만년 전 용암이 굳어 생긴 검은 현무암 위에 형성된 이과수 폭포는 폭이 약 5km에 달한다. 강 도처에서 최고 낙차가 100m에 이르는 크고 작은 300개의 폭포를 만들어 내며 매초 6만 5천 톤의 물을 흘려 보낸다.

암반 위를 넓게 퍼져 흐르던 이 과수강의 물은 북쪽으로 향해 세로로 긴 U자 모양을 한 절벽을 만나 평균 60m~80m의 낙차를 가진 폭포가 되어 밑으로 쏟아져 내린다.

U자의 왼쪽 정점 아르헨티나에서 시작한 폭포는 그 줄기를 따라 1단, 2단, 3단 각양각색의 파노라마를 연출하며 긴 벽화처럼 계속되다가 U자 밑, 커브 중간에서 절정을 이룬다. 'Garganta del Diablo', 이른바 '악마의 숨통' 또는 '악마의 목구멍' 이라고 불리는 곳이다. 3면에서 모여든 물이 한 골짜기로 떨어지는 장관을 관광객은 바로 앞 전망대에서 구경할 수 있다.

계속해서 U자 오른 쪽을 따라가던 폭포의 연속된 그림은 그 줄기

이과수 폭포

의 중간쯤에서 브라질 쪽의 육지를 만나 끝나게 된다.

다시 말하면 미완성의 U자로 낚시 바늘의 형태가 되는데 그 바늘에 끼인 미끼 모양으로 브라질 유보도로 끝에 전망 엘리베이터가 서 있다. 낚시 바늘 전체의 길이가 2.7km로 나이아가라의 약 3배 정도가 된다고 한다. 폭포의 80%는 아르헨티나 쪽에 있다.

오늘도 아침부터 하늘에 구름이 잔뜩 끼여 있고 습도가 높아 푹푹 찌는 듯한 더위로 땀으로 목욕을 한다. 여름 장마로 강우량이 많아 관광하기 좋은 컨디션은 아니다. 7시부터 호텔 레스토랑에서 제공한 아침식사 메뉴가 빵, 과일, 음료 등 다양하고 푸짐하게 준비되었지만 손님은 많지 않다.

오늘의 관광 일정은 오전에 브라질 측 이과수 폭포를 둘러보고 오후에는 세계 최대의 '이타이푸' 수력 발전소와 아르헨티나 측 이과수 폭포를 보고 돌아올 예정이다. 8시에 서둘러 버스터미널로 나가 '카타라타스'(Cataratas)라고 표시된 버스에 올랐다. 버스는 아르헨티나로 갈라지는 교차로를 지나 30분을 달려 어제 내린 공항에 들러 손님을 태우고 10분을 더 가니 이과수 국립공원 입구인 **카타라타스**에 도착한다.

매년 70만 명 정도가 찾는다는 '이과수 국립공원'(Iguacu National Park)은 여행 비수기라 그런지 관광객이 많지 않아 쓸쓸한 느낌이 든다. 입구 건물에는 매표소, 기념품가게, 레스토랑 등이 있다. 매표소에 입장료 8헤알을 내고 이과수 국립공원에서 운영하는 2층 버스에 올랐다.

정글 속으로 난 시원한 아스팔트길을 2층 버스에 앉아 달리는 기분도 상쾌하다. 울창한 정글 사이로 각양각색의 나비들이 수십 마리씩 무리를 지어 날아다니는 모습이 인상적이다. 버스가 10분 남짓 달려 핑크 색 건물의 'Cataratas Hotel' 정원 앞에 도착한다.

버스에서 내려 울창한 나무 숲 사이 오솔길을 따라 걷다보면 천둥치듯 요란한 굉음 소리가 지축을 뒤흔든다. 굉음이 나는 쪽으로 시선을 돌리면 울창한 나무들 사이로 다갈색 물이 횡으로 길게 퍼져있는 275개의 폭포 행렬이 끊임없이 흘러 떨어지고 있다.

올려다보면 가장 낙차가 큰 폭포인 '악마의 숨통' 이 신음 소리를 내며 웅덩이가 입을 벌이고 있다. 도중에 끊기는 일없이 이어지는 **"이과수 폭포"** 의 광경은 감동을 초월하여 공포감 마저 느끼게 한다.

남서쪽 언덕 밑으로 이과수 강이 흐르고 강 건너 아르헨티나 쪽에서 시작한 폭포가 브라질 쪽으로 흐른다. 삼층에서 이층으로 이층에서 일층으로 떨어져 계단식 폭포를 연출하여 장관을 이루고 있다. 좌측으로 뻗은 산책로는 강의 언덕을 따라 이어져 상류 쪽으로 1.2km를 걷다보면 시계가 트인 경치 좋은 장소에는 철책을 둘러 전망대를 만들어 놓았다. 이곳이 최고의 경치라고 생각하며 카메라 셔터를 계속 누르지만 가면 갈수록 더 좋은 경치가 이어지고 있다.

사방 20㎞까지 울려 퍼지는 폭포의 굉음이 세상을 집어삼킬 듯한 거대한 신성이다. 연기로 흩어지는 물보라 속에 반원을 그린 무지개 다

이과수 폭포

리가 환상적으로 펼쳐져 자연의 조화에 할 말을 잃었다. 눈앞에 펼쳐지는 변화무쌍한 하얀 폭포의 파노라마는 자연이 만든 최대의 걸작품 그 자체로 감동의 드라마이다. 이과수폭포의 위대한 자연 앞에서 내가 할 수 있는 일이란 탄성을 지르며 카메라에 담아 가는 일 뿐이다.

세계 3대 폭포 중 웅장한 규모를 자랑하는 것은 아프리카 짐바브웨의 빅토리아 폭포이다. 반면 이과수 폭포는 조금 왜소하지만 오밀조밀하고 섬세한 여인의 치마폭 같은 곡선미를 보여준다.

미국의 루즈벨트 대통령 부인 '엘리노어 루즈벨트'가 이과수 폭포를 보자마자 탄식하듯 말했다고 한다. "Oh, poor Niagara!" (나이아가라는 한 낱 부엌 수도꼭지에 불과하구나.)

하얀 물의 향연에 취하듯 1시간을 걸어 산책한 끝에 폭포의 끝자락에 당도하니 넓은 물줄기가 우렁차게 쏟아져 내리고 있다. 강폭의 중간까지 곡선 철다리를 설치하여 멀리 맞은 편 기슭에 있던 것으로만 생각한 폭포가 바로 눈앞에 펼쳐지고 있다. 계단식 폭포에서 떨어진 물이 넓은 암반에 부딪혀 뿌옇게 퍼지는 물보라를 일으키며 높이 튀어 올라 안개비를 뿌리며 옷을 젖게 한다.

엘리베이터 탑에는 기념품 가게가 있고 그곳에서 1헤알을 주고 표를 사서 엘리베이터를 타고 전망대로 올라간다. 브라질 쪽 이과수 폭포 시발점 바로 위에서 전경을 내려다보며 위대한 자연이 만든 최대 걸작을 만끽하고 있다. 신이 인간에게 내려준 최고의 아름다운 풍광을 사랑하는 가족과 함께 하지 못해 미안한 마음이 가득하다.

약 1시간 30분 정도 산책로를 거닐면서 이과수 폭포의 감동과 장엄한 환희의 찬가를 뒤로하고 귀로 버스에 오른다. 오전에 왔었던 길을 내려와 **"마쿠꼬 사파리"** (Macuco Safari) 입구에서 내려 33달러를 지불하고 정글투어를 신청하였다.

자연정글 투어에 참가한 12명은 주최측에서 준비한 찐득찐득한 액체 모기약을 몸에 바르고 지프차가 끄는 트레일러에 오른다.

오픈 트레일러 2량을 연결한 지프차가 정글 속으로 난 3km

이과수 폭포 마쿠꼬 사파리

좁은 길을 덜커덩거리며 서서히 전진한다. 안내자는 차에 선 채로 밀림 속에 서식하는 동식물에 대해서 설명을 한다.

숲 속에는 퓨마도 있으며, 나무의 향과 결이 좋아 배를 만드는 재료로 사용하고 껍질은 물고기를 마취시키는 효과도 있다는 등의 내용이다. 이과수는 폭포뿐만 아니라 태고적 모습을 그대로 간직한 2,000여종의 희귀식물과 1,000여종의 동물이 서식하는 자연 박물관이라고 자랑하고 있다.

약 20분 정도 완만한 경사를 내려와 트레일러가 멈추어 선다. 이곳에서 계단 길을 5분 정도 걸어가면 이과수 강이 나타난다. 강가에는 보트 계류장이 있고 동력선 고무보트 몇 척이 대기하고 있다. 우리가 탑승할 동력선 고무보트 주변에는 형형색색의 나비군단이 너울너울 날개짓을 하며 환영하는 모습이 아름답다.

안내자의 지시에 따라 신발을 벗고 반바지 차림에 오렌지색의 구명조끼를 입는다. 옷가지나 신발은 배낭에 넣어 보트 계류장에 보관시킨다. 귀중품은 비닐봉지에 겹겹이 싸서 옷 속에 깊숙이 품고 디지털 카메라만은 비닐주머니에 넣어 손에 들었다. 모두가 전쟁 중 상륙작전 개시 명령을 기다리는 군인같이 비장한 표정들이다.

드디어 쌍발 엔진의 시동이 걸리면서 물결이 크게 일렁이

마쿠꼬 보트 계류장

는 강을 쾌속으로 거슬러 올라간다.

강에도 길이 있는지 좌우로 회전하며 쾌속으로 달릴수록 큰 파도를 일으킨다. 15분 정도 올라간 보트는 '산 마르틴'(San Martin) 섬 못미처 오른 쪽으로 꺾어지면서 사진을 찍을 기회를 준다. 산 마르틴 선착장에서 보트는 빠른 속력으로 몇 바퀴 좌우로 흔들며 기분을 낸 다음 폭포 쪽으로 다가간다. 밑에서 위로 가까이 쳐다보는 폭포는 엄청난 위력으로 쏟아지고 있다.

가이드는 마지막이라며 다시 한 번 사진 찍을 시간을 준다. 셔터를 눌러댄 승객들은 카메라 뒤처리를 끝내고 이제는 모든 것을 체념한 듯 몸을 보트드라이버 처분에 맡기고 있다.

보트는 으르렁 으르렁 공 가속페달을 밟더니 야생마처럼 갑자기 돌진한다. 멈춤과 가속을 반복하며 뛰어 오르는 순간 세찬 물벼락이 온몸으로 쏟아지면서 보트에 승선한 모든 승객이 약속이나 한 듯 비명을 지른다. 남녀노소를 가리지 않고 일사불란한 동작으로 앞으로 숙였다가 뒤로 젖히고 점프하며 물세례를 받으면서도 모두들 즐거워한다. 이제 충분하다고 생각되었지만 또 다시 폭포 웅덩이로 뛰어든다. 전후 사방에서 잇달아 폭포의 굉음과 함께 울려 퍼지는 이방인의 환희의 비명은 영원한 추억 속에 간직될 것이다.

이 순간만은 일상에서의 온갖 번뇌가 사라지고 무심의 경지에서 동심으로 돌아온다. 이제는 모두가 물에 빠진 생쥐 꼴이 되어 옷이 젖을까 신경 쓰는 사람도 없다. 온통 물거품과 안개만 자욱한 물의 세계에서 노닐다 보니 정작 하늘에서 쏟아지는 굵은 비가 내리는 것은 까맣게 잊고 있었다.

　1시간 30분 동안의 환상적인 정글 투어를 끝내고 마꾸꼬 입구에서
공원 버스로 이과수 국립공원 입구로 돌아왔다. 이렇게 해서 미완성의
이과수 관광 일정을 모두 마쳤다.

　이과수를 제대로 감상하고 느끼려면 최소한 일주일 정도는 머물러
야 될 듯 싶다. 그 기간 동안 산악자전거나 카누, 산행, 암벽등반으로
자연과 함께 호흡한다면 얼마나 좋을까 상상해 보았다.

　오후에는 아르헨티나 쪽 푸에르토 이과수와 브라질과 파라과이 국
경 파라나 강에 건축된 세계 최대 수력발전소 이타이푸 발전소를 관광
할 예정이었으나 비가 많이 내려 포기할 수 밖에 없었다. 정류장에서
30분 정도 기다렸다가 아침에 타고 왔던 400번 카타라타스 버스에 올
라 호텔로 돌아왔다.

　저녁에 호텔 주변에 갖가지 피자만으로 식단이 짜여진 뷔페를 찾았
다. 평소에 피자를 좋아하지 않았지만 포도주에 곁들여 먹는 피자는
또 다른 맛을 담고 있었다. 포도주 몇 잔으로 여행기간 동안의 긴장이
풀린 탓인지 의식이 몽롱해지고 몸의 중심이 흐트러져 꼬이는 발걸음
을 재촉하여 숙소에 돌아와 하루를 마감한다.

 쉰 번째 날

　'Foz do Iguacu' 가 잠들어 있는 새벽 5시에 기상하여 시내 산책을
나갔지만 너무 이른 시간이라 거리는 조용하고 한산하다. 거리를 배회
해 보지만 이 시간에 마땅히 갈만한 곳도 없어 산책한다는 기분으로

무작정 걷는다. 원래는 한적한 시골 마을에 불과했으나 이과수 폭포로 세계인의 각광을 받으면서 인구 20만의 관광 도시로 성장한 곳이다. 그렇기 때문에 폭포말고는 마땅히 볼거리가 없는 곳이기도 하다. 7시에 숙소로 돌아와 짐을 정리한 다음 호텔 레스토랑으로 내려가 아침식사를 하였다.

남미 최대의 근대도시인 '상파울로' (Sao Paulo)로 떠나기 위하여 카타라타스 버스에 올라 이과수 국제공항으로 향한다. 짧은 여행 일정에 비까지 내려 푸에르토 이과수와 이타이푸 발전소를 보지 못해 많은 아쉬움을 느끼며 떠난다.

공항에 도착하여 탑승 수속을 마치고 브라질 항공 RG 2165편 트랩에 올라 상파울로로 향한다. 오후 2시에 이과수를 이륙한 비행기는 3시간을 비행한 끝에 5시 과루료스 국제공항에 도착하였다. 그동안 상파울로는 2번 경유하면서도 3번만에 입성한 셈이다.

공항에서 도시 중심부까지는 약 25km 거리이다. 지금부터 상파울로가 나에게 허락해준 24시간을 어떻게 유용하게 활용할 것인가가 과제이다.

"상파울로"는 1554년 '제수이트회' 신부에 의하여 고도 800m에 건설된 도시로 '사도 바울' 이라는 뜻을 가지고 있다. 초창기에는 커피산업과 함께 성장해 왔으나 1929년 공황을 겪으면서 상공업 도시로 변모하였다. 그 후 인종 차별이 없어 세계 각국에서 몰려온 이주자들로 넘쳐난다. 이들이 만들어 낸 '혼돈과 조화' 가 정열적이고 자유 분방한 특징을 가진 도시로 발전하였다.

도쿄, 멕시코 시티, 뉴욕, 상하이에 이어 세계 제 5위 도시로 고층건물이 많고 자동차가 홍수를 이루고 있는 인구 1,700만의 대도시이다.

그러나 브라질 최대의 도시라는 이름에 비해서 문화 유적지나 명소의 볼거리는 별로 없다. 가볼 만한 곳은 세 광장 주변, 동양인의 거리, 금융 비즈니스의 중심지 파울리스타 지구 등이 있을 뿐이다.

상파울로는 남미의 도시 중에서 우리 귀에 가장 낯익은 도시 이름이다. 교민 사회의 규모에 있어서도 공식적으로는 6만 명 정도가 거주한다고 하지만 워낙 밀입국 형식을 취하는 사람들이 많아 그 수를 헤아릴 수 없다고 한다.

시내를 걷고 있으면 사람들과 주변 분위기에서 '자유와 정열'의 이름이 그대로 떠오른다. 여유와 넉넉함이 항상 그들의 생활 속에 녹아 있다.

풍요와 빈곤이 하나의 도시 속에 공존하고 여러 민족의 다양한 생활 양식이 브라질 속에서 하나로 조화를 만들어 간다. 그래서 상파울로는 여행자에게 더욱 큰 즐거움을 주는 도시인가 보다.

공항에 도착하자마자 누구에게 쫓기듯이 서둘러 공항택시를 72헤알에 홍정하여 '리베르다데'(Liberdade) 지구의 중심지역에 있는 **"동양인의 거리"**(Bairro Oriental)로 향한다.

택시가 니케이 호텔 앞에 도착하자 도어맨이 나와서 짐을 챙겨 안으로 들고 들어간다. 니케이 호텔은 이름에서도 알 수 있듯이 일

상파울로의 동양인 거리

본인이 경영하는 고급호텔로 레스토랑과 사우나 시설까지 갖추고 있다. 프런트 직원에게 싱글 숙박 요금을 물어보니 아침식사를 제공하고 80달러라고 한다. 하루 밤 자면 귀국 길에 오르기 때문에 오랫만에 큰마음 먹고 고급호텔에서 대미를 장식하려 한다. 프런트 아가씨에게 배낭 여행자라고 사정해서 45%를 할인 받아 44달러를 계산하고 여장을 풀었다. 프런트에서 키를 받아 안내인을 따라 엘리베이터에 올라 지정된 싱글룸으로 든다. 모처럼 쾌적한 욕탕에 따뜻한 물을 가득 받아 2달 동안 지쳤던 몸을 담그니 피로가 일시에 풀리는 것 같다.

니케이 호텔을 경계로 바로 좌측에 한국인이 경영하는 '갈벙부에노'(Rua Galvao Bueno) 한국식 뷔페식당이 눈에 뜨인다. 손님은 주로 한국인이 가족 중심으로 조국의 향수를 달래며 식사를 즐기는 모습이다.

지구 반대쪽 브라질에서 동족을 만나 바라보는 것만으로도 정서

상파울로의 한국인 식당

적으로 반가운 감정의 느낌이지만 동족은 눈길 한 번 주지 않는다. 모처럼 만에 한국 음식과 맥주 한 병을 마시고 30헤알을 계산하고 식당을 나온다.

이곳은 장마철로 폭우가 쏟아져 도시의 저지대가 물에 잠기는 재해가 발생한 모양이다. 밤이 되면서 빗줄기가 오락가락한 동양인 거리로 나가본다.

무대에선 일본인 가수

중심지구인 다운타운에는 '세 광장 (Praca da Se)' 이 있고 도보로 5분 정도 거리가 동양인 거리이다. 지하철역에서 리베르다데 광장 쪽으로 나오면 동양인의 주도라고도 하는 갈벙부에노 거리이다. 일본 신사의 상징인 '도리이' 와 '오사까다리' 로 불려지는 육교의 난간이 선명한 붉은색으로 눈길을 끈다.

동양인의 거리라 하지만 실제로는 일본인 중심의 이민 사회로 한국과 중국의 음식점과 상점이 더러 섞여 있는 정도이다. 일본은 이곳에 학교, 병원, 사찰 등의 많은 시설을 갖추고 이민 사회를 확충해 나가고 있다. 금낭화 모양의 청사초롱을 매단 가로등이 동양의 정서를 자극한다. 동양인의 거리는 남미로 이주한 동양인들이 동양문화에 대한 애착과 향수를 느낄 수 있는 곳이다.

니케이 호텔에서 좌측으로 100m 거리에 있는 극장 앞에 많은 사람들이 웅성거리고 있다. 우리나라의 약장사들처럼 일본의 의료기구상들이 손님을 끌어 모으려고 흘러간 가수를 초청하여 무대에서 고국의 향수를 달래는 경로 노래잔치를 벌이고 있다. 극장 입구에서 노인들을 상대로 갖가지 의료기구를 전시판매 하는 모습이 우리네와 비슷함을 느낀다.

극장에서 나와 지하철 세 광장 역까지 비를 맞으며 걸어간다. 상파
울로의 야경은 아름답기도 하지만 한적한 골목에는 범죄와 폭행이 성
행하고 있어 밤 관광은 항상 위험이 도사리고 있다. 큰 도로변으로 다
니는 것은 기본이고 여러 사람이 함께 움직인다고 해서 위험이 감소되
는 것이 아니다. 심지어는 가끔씩 총소리와 비명소리를 바로 옆에서
쉽게 들을 수 있는 곳이 상파울로라 한다.

그러나 부유층이 많이 거주한 곳에는 현지인 뿐만 아니라 관광객들도
라이브 공연과 함께 춤과 노래를 즐길 수 있다고 한다. 이런 야경 분위
기를 즐기려고 거리를 헤매지만 비로 인해 볼 수가 없어 무척 아쉽다.

지난 밤에 내렸던 비가 아침이 되어도 계속 쏟아지고 있어 걱정스럽
다. 오전 12시까지 이번 여행의 마지막 관광으로 대성당과 동양인의
거리에서 열리는 일요시장을 돌아보고 과루료스 국제공항으로 나가
귀국 길에 오르기로 하였다. 호텔 레스토랑에서 제공하는 일식으로 조
찬을 즐기고 밖으로 나오니 다행히 빗줄기가 멈추었다.

호텔에서 지하철 세 광장 역 정면에 위치한 **"상파울로 대성당"**
까지는 도보로 10분 거리인지라 걸어서 그곳을 찾아간다. 이 대성당은
40년의 공사 끝에 1954년 완공한 건물로 정면 좌우로 고딕 양식의 두
개의 첨탑이 100m 높이로 솟아 있다. 또한 지붕 위에 65m 높이에 직경
이 27m되는 당당한 돔을 설치해 놓았다.

　내부에는 상파울로 역대 사제들의 시신이 안치되어 있다. 수용 인원
은 약 8천여 명이라고 하는데 오늘이 일요일이라 이른 시간부터 성당
을 찾는 신도들이 계속 늘어나고 있다.

　대성당 앞에는 1m 높이의 6각형 기둥에 상파울로 방위기점과 거리
의 원점이 광장 중심에 기록되어 있다. 공원으로 조성한 광장 가운데
에는 콘크리트로 조그마한 풀장을 만들어 놓았는데 물이 고여 철렁철
렁 넘쳐나고 있다.

　밤새도록 퍼마신 술이 덜 깼는지 벤치마다 노숙자들이 제멋대로 눕
거나 엎어져 고래고래 소리를 지른다. 또 한쪽 풀장에서는 목욕과 빨
래를 해서 벤치에다 펼쳐 널고 있는 여유도 보이면서 사진까지 찍어
달란다. 어떻게 상파울로의 얼굴이라 할 수 있는 도심 중앙에서 아무
런 제재도 없이 이러한 행위들이 일어나는지 이해가 되지 않는다.

매주 일요일에는 동양인의 거리에서 일요시장이 열리는 날이라 사람들이 집에서 사용하던 물건들을 들고 나와 판매를 한다. 오전 10시가 지나면서 일요시장을 구경나온 인파가 거리에 넘쳐난다.

민예품, 골동품, 수예품, 의류를 비롯하여 갖가지 물건을 진열한 노점상들이 이중 삼중으로 늘어서 있다. 포장마차에서는 브라질, 일본, 중국 등 여러 나라의 음식을 팔고 있으며 그 가운데서도 순대처럼 보이는 음식을 일회용 접시에 사들고 길거리에 서서 먹는 사람이 많다. 이곳이 남미가 아니라 도쿄나 북경의 어느 거리처럼 느껴질 정도로 동양적인 맛이 강하게 난다. 빈 손으로 다니기가 서운해서 아들 녀석에게 줄 선물을 보려고 음반가게에 들러 브라질 음악을 대표하는 삼바뮤직 CD를 3장 샀다.

한국관이라는 레스토랑 간판이 붙어 있어 안으로 들어가니 홀이 30여평 되어 보인다. 메뉴는 불고기, 갈비, 된장찌개, 김치 등이었다. 현지 종업원에게 주인이 한국인이냐고 물어보니 아니라고 한다. 그러나 손님의 대부분은 한국 교민이거나 관광을 나와 현지 음식에 적응을 하지 못해 찾아온 한국의 여행객들이라 한다.

오후 2시경 호텔로 돌아와 떠날 준비를 하며 짐을 정리한 후 체크아웃을 하였다. 프런트 안내 아가씨에게 과루료스 국제공항까지 나갈 택시를 부탁하고 10분쯤 기다리니 바로 왔다. 오후 2시 30분에 출발한 택시는 혼잡한 도심거리를 빠져 나와 고속도로로 접어들어 질주하더니 30분만에 공항에 도착하여 란 칠레 항공 게이트 앞에 내려준다.

공항에서 출국절차를 마치고 오후 5시에 이륙하는 LA751 항공편에 탑승한다. 비행기는 활주로를 미끄러지듯 달리더니 이내 하늘을 향해 비상하며 학처럼 날아가고 있다. 이렇게 해서 그동안 숱한 우여곡절이 많았던 중남미 52일간의 배낭여행이 대단원의 막을 내리는 순간이 다가오고 있다.

상파울로를 이륙한 비행기는 4시간을 비행한 끝에 산티아고에 도착하여 공항 대기실에서 1시간 남짓 머무르다 로스앤젤레스로 가는 LA600 항공편으로 바꾸어 탑승하였다. 22시 40분 산티아고를 출발한 비행기는 4시간을 날아 페루의 수도 리마에 도착한다. 리마에서 잠시 기착하며 승객을 내려주고 새로운 승객을 탑승시켜 태평양 상공을 가로질러 10시간을 비행한 끝에 LA공항에는 2월 16일 (월) 7시 20분에 착륙하였다.

한국과 중남미간에 직항로가 개설되지 못하여 출국과 입국은 주로 LA공항을 이용하게 되어 많은 불편이 따르고 있다. LA에서 환승하려는 모든 승객의 신분과 수화물을 철저히 검사 받아야 했다.

지금까지 나는 여행을 다니며 다른 사람을 의식하지 않았고 외관에 신경을 쓰지 않아 수염도 자연 그대로의 내 모습을 간직하였다. 그러나 이번 여행기간에 덥수룩하게 자란 수염 때문에 인적사항을 더 까다롭게 검증받아야 했다.

이번 여행의 전 항공편은 란 칠레 (LA)가 발행한 'Interline Ticket'을 이용하였다. 인천에서 출발하는 LA 왕복 항공기도 대한항공을 탑승하였지만 란 칠레가 발행한 항공권이다. 티켓 발행 후에는 지역 및 날짜 변경과 환불이 불가능하다. 또한 중간에 비행기를 환승하고, 경유하여 시간이 많이 소요되지만 항공요금이 저렴하여 배낭여행자들이 많이 이용한다.

LA공항에서 인천행 보잉747 KE018기로 환승하기 위하여 무려 4시간을 기다려야 한다. 특별히 따로 할 일이 없어 면세구역 상점을 기웃거리다 일찌감치 탑승 게이트 대기실에 자리를 잡았다. LA

공항 탑승게이트 대기실은 미국이 아니라 한국의 인천공항으로 착각하리만큼 500명도 넘어 보이는 승객 대부분이 한국인이다. 그런데도 마주치는 동포끼리 반기기는 커녕 눈인사도 나누지 않는다. 아프리카에서는 '잠보', 중남미에서는 '부에노스 디아스' 라고 스치듯 지나가는 이방인에게도 반갑게 인사를 나누는데 말이다.

드디어 오전 11시 20분 KE018기는 육중한 기체를 활주로에 굴리더니 덜렁 하늘로 높이 비상한다. 비행기는 서서히 고도를 12,000m 상공에 진입시켜 시속 900km 속도로 태평양을 가로질러 조그마한 반도국가 코리아로 향하고 있다.

여행기간 내내 초조와 긴장 속에서 하루하루를 보내다가 귀국 행 비행기에 오르자마자 심신이 무장해제된 듯 나른해진다. 스튜어디스가 준비된 비빔밥에 장국을 내오니 나는 이미 한국 속으로 깊숙이 돌아와 있음을 깨닫게 되었다.

중미의 마야문명을 거쳐서 남미의 잉카문명까지 돌아보고 귀국 행 비행기에 오르니 지난 여행길이 주마등같이 스치고 지나간다. 고등학교 시절 세계사 과목을 통해서 접할 수 있었던 마야문명과 잉카문명의 여러 유적지를 짧은 기간에 확인한다는 것은 무리이다. 찬란한 마야문명과 잉카문명을 이룩했던 인디오들은 스페인의 소수 원정군을 상대로 제대로 싸워보지도 못하고 멸망했다. 중남미를 정복한 스페인의 저력은 과연 어디서 나온 것일까? 여행을 끝내는 이 순간에도 의문은 계속 남는다.

오늘날은 미국의 영향력이 막강하지만 중남미 여행에서 영어의 효용 가치는 그리 크지 않다. 그러나 스페인어를 모르면 현지인과 의사소통이 잘 되지 않아 어려운 여행길이 될 수밖에 없었다.

이번 여행에서 3박 4일 잉카 트레킹에 참가하여 대한 남아의 노익장을 과시하며 꿈에 그리던 잃어버린 공중도시 마추피추 입성에 성공하여 자랑스럽다. 이방인이 가는 곳마다 낯설고 물설지만 그래도 신비로운 자연의 세계가 반갑게 맞아주어 어려움을 극복할 수 있었다.

그러나 자연은 이방인에게 즐거움도 주었지만 때로는 혹독하리만큼 시련도 안겨주었다. 볼리비아의 우유니 소금사막 투어에 참가했다가 불의의 사고로 H여사를 먼저 저 세상으로 보내야 했던 슬픔을 맛보기도 했고 좌절을 겪기도 했다. 이번 여행에 14명이 출발하여 일정대로 끝까지 같이하지 못하고 중간에 대부분 귀국하였다.

결국은 나 홀로 여행이 되었지만 칠레와 아르헨티나, 브라질의 아름다운 자연경관들은 나를 위로해 주었다.

비행기는 어느 사이 날짜 변경선을 넘어 2월 17일로 접어들고 지구 자전의 방향을 거슬러 서쪽으로 향해 날아가고 있다. LA를 출발한 비행기는 12시간을 날아 인천공항에 오후 5시 30분에 도착하였다.

브라질 상파울로에서 인천공항까지 비행시간이 무려 30시간이 소요되었으며 기내식사만도 무려 다섯 끼니를 먹었다.

리무진버스와 전철을 이용하여 사랑하는 가족이 기다리는 집으로 돌아옴으로써 이번 여행이 대단원의 막을 내린다.

그동안 중남미를 여행하면서 옷깃을 스치었던 수많은 인연들의 행운을 빌며….